VERDE

REVISTA MENSAL DE ARTE E CULTURA

NUMERO . 1
ANNO . . . 1

:: :: REDACÇÃO :: ::
:: :: :: E :: :: ::
ADMINISTRAÇÃO
RUA CEL. VIEIRA, 53
CATAGUAZES -- MINAS

STE NUMERO DA "VERDE":

ANDRADE	SIGNAL DE APITO
	VIAGEM SENTIMENTAL
SANTOS	BLÓCO
S	SERÃO DO MENINO POBRE
	INQUIETAÇÃO
LIVEIRA	FUNCÇÃO
DORO	SAMBA
CESAR	SANTINHA DA ENCARNAÇÃO (conto)
	NOCTURNO (poema)
ES	O ESTRANHO CASO DE MATIAS
RESENDE	A CIDADE E ALGUNS POETAS
	PRELUDIOS
PEIXOTO	TERNURA
ES	PARADOXO
ITTA	UM POEMA
	UM POEMA
O	E' PRECISO

Luiz Ruffato

A REVISTA *VERDE*, DE CATAGUASES

Contribuição à história do Modernismo

autêntica

Copyright © 2022 Luiz Ruffato

Todos os direitos reservados pela Autêntica Editora Ltda. Nenhuma parte desta publicação poderá ser reproduzida, seja por meios mecânicos, eletrônicos, seja via cópia xerográfica, sem a autorização prévia da Editora.

EDITORAS RESPONSÁVEIS
Rejane Dias
Cecília Martins

REVISÃO
Aline Sobreira

PROJETO GRÁFICO
Diogo Droschi

CAPA
Diogo Droschi (sobre detalhe de capa do volume 1 da revista *Verde*)

DIAGRAMAÇÃO
Guilherme Fagundes

FOTOGRAFIA DA ORELHA
Em pé: Guilhermino Cesar, Renato Gama e Martins Mendes. Apoiado na escada: Mauro. Sentados: Enrique de Resende, Rosário Fusco e Francisco Inácio Peixoto. Foto de Edgar Brasil, Cataguases, 1929.

———

As fotografias das páginas 9, 10/11 e 12/13 foram gentilmente cedidas por Ronaldo Werneck.
As fotografias das páginas 16 e 17 foram gentilmente cedidas por Rosário François Fusco.

Dados Internacionais de Catalogação na Publicação (CIP)
(Câmara Brasileira do Livro, SP, Brasil)

Ruffato, Luiz
  A revista *Verde*, de Cataguases : contribuição à história do Modernismo / Luiz Ruffato. -- Belo Horizonte : Autêntica, 2022.

  ISBN 978-65-5928-133-6

  1. Cataguases (MG) - História 2. Modernismo (Literatura) - Brasil 3. Movimento Verde 4. Vanguarda (Estética) - Brasil - História e crítica I. Título.

21-95369   CDD-869.9004

Índices para catálogo sistemático:
1. Modernismo : Século 20 : Literatura brasileira 869.9004

Aline Graziele Benitez - Bibliotecária - CRB-1/3129

Belo Horizonte
Rua Carlos Turner, 420
Silveira . 31140-520
Belo Horizonte . MG
Tel.: (55 31) 3465 4500

São Paulo
Av. Paulista, 2.073 . Conjunto Nacional
Horsa I . Sala 309 . Cerqueira César
01311-940 . São Paulo . SP
Tel.: (55 11) 3034 4468

www.grupoautentica.com.br
SAC: atendimentoleitor@grupoautentica.com.br

19	**Por que Cataguases?**
29	**O café e o algodão**
45	**1922**
57	**Antes da *Verde***
71	**O cinema e a literatura**
83	**O surgimento da *Verde***
103	**Nacionalismo e liberdade de expressão**
121	**A morte da *Verde*, e depois**
139	**Anexo A** Breve biobibliografia do grupo Verde
161	**Anexo B** Manifesto do grupo Verde de Cataguases
169	**Anexo C** Sumário dos seis números da revista *Verde*
184	**Referências**

Homenagem aos homens que agem

Tarsila não pinta mais
Com verde Paris
Pinta com Verde
Cataguases

Os Andrades
Não escrevem mais
Com terra roxa
NÃO!
Escrevem
Com tinta Verde
Cataguases

Brecheret
Não esculpe mais
Com plastilina
Modela o Brasil
Com barro Verde
Cataguases

Villa-Lobos
Não compõe mais
Com dissonâncias
De estravínsqui
NUNCA!
Ele é a mina Verde
Cataguases

Todos nós
Somos rapazes
Muito capazes
De ir ver de
Forde Verde
Os ases
De Cataguases[1]

Marioswald de Andrade

---

[1] Os "ases de Cataguases" chegaram a acreditar que receberiam a visita de Oswald de Andrade. Para desfazer o boato, em carta a Rosário Fusco, datada de 19 de dezembro de 1927, Carlos Drummond de Andrade explica: "Vou lhe contar o caso do Oswald. Ele me mandou um telegrama assim: 'Sinal apito talvez faça geração correr mais depressa. Peço transmitir gratidão Cataguases e informar se há hotel lá'. Respondi imediatamente dizendo que o hotel tal (o nome não me lembro: foi um amigo que me indicou) de Cataguases era o melhor do mundo. Isso foi em outubro. Até hoje o Oswald não apareceu aí? Então não aparece mais" (*apud* MENEZES, Ana Lúcia Guimarães Richa Lourega de. *Amizade "carteadeira": o diálogo epistolar de Mário de Andrade com o Grupo Verde de Cataguases.* 2013. Tese (Doutorado em Literatura) – Faculdade de Filosofia, Letras e Ciências Humanas, Universidade de São Paulo, São Paulo, 2013, p. 374).

Ponte metálica sobre o Rio Pomba, construída em 1915.

O trem da Leopoldina Railway
ligava Cataguases ao Rio de Janeiro.

Largo da Estação, onde desembarcavam mercadorias e viajantes chegados da capital da República.

Prédios da Loja Maçônica e do Cine-Teatro Recreio –
aqui, Humberto Mauro descobriu o cinema.

Grupo Escolar Coronel Vieira, inaugurado em 1913, sinal da excelência do ensino oferecido na cidade à época.

Em pé: Guilhermino Cesar, Renato Gama e Martins Mendes.
Apoiado na escada: Mauro. Sentados: Enrique de Resende, Rosário Fusco e Francisco Inácio Peixoto. Foto de Edgar Brasil, Cataguases, 1929.

Foto de Mário de Andrade com dedicatória para Rosário Fusco (1934).

POR QUE CATAGUASES?

No dia 3 de março de 1926, alguns espantados habitantes de Cataguases assistiram, nas dependências do Teatro Recreio, à histórica exibição de um dos primeiros longas-metragens brasileiros, *Na primavera da vida*, de Humberto Mauro e Pedro Comello. O fato, de tão inusitado, despertou imediatos entusiasmo e interesse da nascente indústria cinematográfica sediada no Rio de Janeiro. Em 1927, *Tesouro perdido*, início da trajetória individual de Humberto Mauro, conquistou o título de melhor filme nacional daquele ano. Também em 1927, Cataguases conheceu outra ousada iniciativa, a fundação de uma revista literária, intitulada *Verde*, que encampava as propostas estéticas vanguardistas do grupo paulista que promoveu a Semana de Arte Moderna de 1922.

O chamado Ciclo Cinematográfico de Cataguases contaria ainda com outros dois longas-metragens, *Brasa dormida* e *Sangue mineiro*, antes de Humberto Mauro se mudar, em 1930, para a então capital da República, onde desenvolveria carreira de sucesso – *Ganga bruta*, de 1933, é sempre citado entre os 20 melhores filmes brasileiros de todos os tempos. No total, foram 11 longas-metragens, mais de 100 curtas-metragens, documentários e semidocumentários, além da participação em produções de outros diretores como fotógrafo, argumentista, roteirista e ator. A extensa batalha de Humberto Mauro pelo cinema nacional encontra-se ricamente documentada, e seu pioneirismo, destacado, de maneira inquestionável, por pesquisadores e estudiosos do Brasil e do exterior.

O mesmo não ocorre em relação à *Verde*. Empreendimento relevante na divulgação e consolidação do modernismo, a revista, até hoje, não teve sua importância devidamente assimilada, e exígua é a bibliografia a respeito. Editada, com interrupções, entre 1927 e 1929, *Verde* merece apenas referências ligeiras nos manuais de história da literatura, apesar de, à época, ter sido prestigiada e louvada pelos maiores nomes do movimento. Em 1932, Mário de Andrade, em balanço comparativo entre *Verde* e *A Revista*, de Belo Horizonte, acena com um saldo bastante positivo para o periódico de Cataguases:

> Os dois grupos mineiros, o de Belo Horizonte e o de Cataguases, se distinguem enormemente como psicologia coletiva. O de Cataguases, certamente não pôde apresentar figuras de valor pessoal tão notável como Carlos Drummond de Andrade na poesia e João Alphonsus na prosa. Porém teve uma realidade muito mais brilhante, e principalmente uma ação muito mais interestaduana e fecunda. No fundo, os artistas de Belo Horizonte eram muito mais capitalistas do que poderiam supor. E de fato o grupo se dissolveu no individualismo, e teve apenas a função burguesa de nos apresentar pelo menos dois escritores de grande valor. O grupo de Cataguases não produziu quem se compare com esses, mas com a revista *Verde* conseguiu a um tempo centralizar e arregimentar o movimento moderno no Brasil, coisa que a *Revista* de

Belo Horizonte não conseguira. [...] A *Verde* chamava às armas, ao passo que a *Revista* nomeava generais.[2]

Francisco Inácio Peixoto, um dos principais integrantes do grupo Verde, conta que, em encontro durante o I Congresso Brasileiro de Escritores, em São Paulo, em janeiro de 1945,[3] Oswald de Andrade insistiu com ele sobre a importância de Cataguases para o grupo paulista:

> Me causou uma surpresa danada quando o Oswald [de Andrade] – que eu julgava inacessível – me fez essa revelação do bem que nós tínhamos feito à turma de São Paulo com a nossa adesão aqui. Eu ainda perguntei: – Você está brincando, Oswald. – Não. Estou falando sério. Você não calcula o que representou para nós esse movimento de Cataguases. E eu passei a acreditar.[4]

Também Mário de Andrade destacou a relevância do movimento Verde:

> Existe influência do tal escritor paulista sobre os moços de Cataguases como existe influência dos moços de Cataguases sobre esse escritor paulista. Maior do que imaginam,

---

[2] ANDRADE, Mário de. Cataguases. *In*: *Táxi e crônicas no Diário Nacional*. Estabelecimento de texto, introdução e notas de Telê Porto Ancona Lopez. São Paulo: Livraria Duas Cidades; Secretaria de Cultura, Ciência e Tecnologia do Estado de São Paulo, 1976. p. 550.

[3] ROMANELLI, Kátia Bueno. *A Revista Verde: contribuição para o estudo do modernismo brasileiro*. 1981. Dissertação (Mestrado em Literatura) – Faculdade de Filosofia, Letras e Ciências Humanas, Universidade de São Paulo, São Paulo, 1981. p. 197-198.

[4] PEIXOTO, Francisco Inácio. Vivo em Cataguases, fora de Cataguases. *Totem*, Cataguases, 5 abr. 1979. [s.p.].

muito maior. E mais elevada principalmente, não se resumindo a uma simples e desimportante aceitação de cacoetes gramaticais. Essa influência recíproca foi a bonita das amizades sinceras, carteadeiras, cheias de sinceridade, até brutas, certas feitas. Foi isso que o mundo pôde ver e não gozou.

Porém o que o mundo não viu e podia ver é que também o escritor paulista andou muito estudando os criadores de *Verde*. Catou neles os boleios sintáticos e as vozes populares que essa rapaziada foi a primeira a registrar, e quando a ocasião chegou, andou tudo empregando nos escritos dele.[5]

No entanto, as tentativas de análise da revista *Verde* esbarram sempre em um lugar-comum: Cataguases é um "fenômeno inexplicável", e esse argumento, repetido à exaustão, descerra um véu sobre o assunto. Pouco a pouco, a *Verde* tornou-se uma espécie de exotismo literário.

Já em 1929, em artigo publicado em *O Jornal*, do Rio de Janeiro, Tristão de Athayde se perguntava, pasmo: "Por que enredos da Providência Divina foi nascer à beira de um riacho chamado Meia-Pataca [...] um grupo de poetas interessantes que hão de deixar uma certa marca no momento poético que estamos vivendo?".[6]

Os próprios membros do grupo Verde contribuíram para elevar o fato à categoria do incognoscível, como Francisco Inácio Peixoto, respondendo questionário de José Afrânio Moreira Duarte: "Cataguases sempre foi, e agora

---

[5] ANDRADE, Mário de. Influências. In: *Táxi e crônicas no Diário Nacional*, p. 81

[6] ATHAYDE, Tristão de. Provincialismo poético. *O Jornal*, Rio de Janeiro, p. 4, 10 fev. 1929.

mais do que nunca, um equívoco";[7] ou Henrique de Resende,[8] em entrevista a Walmir Ayala: "*Verde* foi um milagre. E os milagres não se explicam!";[9] ou, ainda, Rosário Fusco, em entrevista a *O Pasquim*: "A *Verde* é folclore e os seus representantes, um episódico (embora pra Cataguases, lisonjeiro mas não identificado) equívoco".[10] Para tornar tudo ainda mais confuso, em depoimentos eles minimizaram a importância socioeconômica da cidade e amplificaram o significado de suas próprias atividades – tornando assim, por contraste, a ideia de "fenômeno" ainda mais verossímil.

Guilhermino César, por exemplo, na abertura do Festival de Cinema de Gramado (RS), em 22 de fevereiro de 1978, afirma:

> Imaginem um aglomerado urbano cortado por um rio de 80,100 metros de largura, com a ponte metálica fabricada pelos ingleses, duas praças com dois nomes ilustres que nós chamávamos "a praça de cima" e "a praça de baixo", para simplificar as coisas, e umas cinco ruelas.

> Eis Cataguases. Habitantes na década de 20/30, a vaidade local dizia 5.000 – mas as estatísticas diziam 3.500

---

[7] DUARTE, José Afrânio Moreira. *Palavra puxa palavra*. São Paulo: Editora do Escritor, 1982. p. 62.

[8] Ao longo da vida, Henrique de Resende se manteve indeciso entre usar como prenome, para assinar suas obras, Henrique ou Enrique. Para não causar confusão, ao longo deste ensaio usarei apenas a forma Henrique de Resende.

[9] AYALA, Walmir. Henrique de Resende: um eco da semana de 22. *Revista Cultura*, Brasília, ano 2, n. 5, jan-mar. 1972. p. 94.

[10] WERNECK, Ronaldo; BRANCO, Joaquim. Rosário Fusco: "O escritor brasileiro é um supercamelô". *O Pasquim*, Rio de Janeiro, n. 351, p. 12, 19-26 mar. 1977.

habitantes. E nessa cidade de 3.500 habitantes, deram coisas espantosas para o tempo, o lugar e o ambiente cultural.[11]

Ora, a cidade não possuía, em 1927, nem 3.500, nem 5 mil habitantes, mas 16 mil apenas na sede do município, distribuídos em 1.300 casas construídas em 30 ruas, servidas de rede de água e esgoto e iluminação elétrica, economia baseada na indústria têxtil, variado comércio, invejável sistema educacional e ligação direta com o Rio de Janeiro pela estrada de ferro[12] – só para termos uma ideia, à mesma época, Belo Horizonte contava com 110 mil habitantes.[13] Daí estabelecerem-se raciocínios estrambóticos, como este, de Heitor Martins:

> Quase inacreditável para os dias de hoje que nos idos de 20 e poucos formou-se na pequena cidade de Cataguases, no interior de Minas, um grupo sério de artistas jovens, umbilicalmente ligados ao movimento modernista de 22. Foi algo mais espantoso ainda do que, por exemplo, apenas se surgisse hoje um grupo, mais ou menos consciente do ponto de vista artístico, de teóricos concretos em qualquer cidadezinha do litoral e com pouco mais de 5 mil habitantes.[14]

Por outro lado, exageraram a relevância de suas iniciativas. Recuam o início do contato com as novas ideias

---

[11] CÉSAR, Guilhermino. Uma palestra cinematográfica. *In*: WERNECK, Ronaldo. *Kiryrí rendáua toribóca opé: Humberto Mauro revisto por Ronaldo Werneck*. São Paulo: Arte Paubrasil, 2009. p. 64.

[12] Ver o capítulo "O café e o algodão".

[13] MATOS, Ralfo Edmundo S. *Evolução urbana e formação econômica de Belo Horizonte*. Belo Horizonte: UFMG; Cedeplar, 1992. p. 16.

[14] DEPOIMENTOS sobre a "Verde". *Suplemento Literário do Minas Gerais*, Belo Horizonte, ano II, n. 19, 7 jan. 1967. p. 2.

estéticas modernistas a 1923 ou 1924, e citam a divulgação de poemas "futuristas" nas páginas de jornais como *O Estudante*, *Mercúrio*, *O Eco* e *Jazz-Band*, todos em circulação entre 1926 e 1927, quando basta uma simples consulta a esses periódicos para nos depararmos com textos ainda vinculados ao simbolismo, ou, pior, ao mais descabelado romantismo, podendo-se, deles, referendar o que o redator do jornal *Cataguases* disse sobre *O Estudante*: "pode ser lido por toda a gente sem receio, mesmo pela donzela mais pudica".[15] Como exemplo, destaco a primeira das quatro quadras encontradas na capa do jornal *Jazz-Band*, número único lançado por Rosário Fusco em 28 de agosto de 1927, menos de um mês antes do início da publicação da revista *Verde:* "'Elsa Zignago'//Até parece um bibelô de França/ essa pequena fina e esquisita.../Com ares de menina e de criança/dentre todas da escola é a mais bonita".[16] As outras três quadras seguem na mesma toada...

Portanto, com essas duas vertentes complementares – a depreciação do meio em que viviam e a exageração de suas virtudes individuais –, criou-se quase uma lenda de que em Cataguases, nos anos 1920, ocorreu, como afirmou Francisco Marcelo Cabral, uma "espantosa empresa literária sem nenhuma justificativa sociológica",[17] tese corrente mesmo entre os estudiosos. Ora, se partirmos do pressuposto de que o surgimento da revista *Verde* em Cataguases – e também do ciclo cinematográfico, contemporâneo ao movimento literário – é um "fenômeno inexplicável", jogaremos por

---

[15] CATAGUASES. Cataguases, 26 set. 1926, p. 2.

[16] *Apud* MENEZES. *Amizade "carteadeira": o diálogo epistolar de Mário de Andrade com o Grupo Verde de Cataguases*, p. 433.

[17] CABRAL, Francisco Marcelo. Não desapaixonado. *Totem*, Cataguases, n. 12, 5 abr. 1979. [s.p.].

terra a concepção de que a História é o conjunto de ações humanas, determinadas por uma gama infinita de componentes, seja de ordem econômica, social, política, moral ou estética, ou, conforme Georg Lukács:

> A existência e a essência, a gênese e a eficácia da literatura só podem ser compreendidas e explicadas no quadro histórico geral de todo o sistema. A gênese e o desenvolvimento da literatura são parte do processo histórico geral da sociedade. A essência e o valor estético das obras literárias, bem como a influência exercida por elas, constituem parte daquele processo social geral e unitário mediante o qual o homem se apropria do mundo por meio de sua consciência.[18]

Assim, neste ensaio, proponho uma reflexão sobre como se engendraram as circunstâncias que tornaram possível a existência, numa pequena cidade do interior de Minas Gerais, de um movimento literário vanguardista com importante papel no desenvolvimento e na consolidação do modernismo brasileiro. De que forma, em meados da década de 1920, Cataguases deixou de ser um ponto indistinto no mapa do Brasil para se transformar em centro irradiador das ideias novas. Ou, como afirma Guilhermino César: "nosso movimentinho, à semelhança do que sucedeu, por igual, em outros lugares, na mesma ocasião, prenunciou [19]30, fomentando inquietações que iriam desembocar num largo estuário literário e político".[19]

---

[18] LUKÁCS, Georg. Introdução aos estudos estéticos de Marx e Engels. Tradução de Leandro Konder. *In*: KONDER, Leandro (Org.). *Ensaios sobre literatura*. Rio de Janeiro: Civilização Brasileira, 1965. p. 13.

[19] CÉSAR, Guilhermino. Os verdes da *Verde*. *In*: VERDE. São Paulo: Metal Leve, 1978. [s.p.]. Edição fac-similar.

O CAFÉ E O ALGODÃO

No início do século XIX, o exército de Napoleão Bonaparte conquistava países, derrubava fronteiras, levava pânico às aristocracias europeias enquistadas no poder. Quando, em novembro de 1807, o general Jean-Andoche Junot, comandando tropas francesas e espanholas, estava prestes a entrar em Lisboa, a Corte portuguesa embarcou em direção ao Brasil. A instalação no Rio de Janeiro, subitamente tornada capital do Reino Unido de Portugal, Brasil e Algarves, transformou completamente o panorama da até então pacata cidade, trazendo como consequência uma profunda modificação nos hábitos da população e uma importante mudança na economia da colônia.

Sustentada pela produção de ouro, Minas Gerais havia sido o centro cultural, econômico e social do Brasil até 1760, quando a mineração entra em declínio, e a região, decadente, perde pouco a pouco sua importância. A chegada da Corte portuguesa provoca, de imediato, aumento vertiginoso na procura por gêneros de primeira necessidade – do dia para a noite, a cidade do Rio de Janeiro, que possuía pouco mais de 50 mil habitantes, recebeu 15 mil novos ocupantes –, o que levou os fazendeiros das áreas limítrofes, com farta mão de obra ociosa, a direcionar a produção para o abastecimento da capital. Além de mantimentos básicos, cresceu o consumo de alimentos não essenciais, como o café, que, embora cultivado no estado do Rio de Janeiro havia cerca de 50 anos, não adquirira até então relevância econômica.

A partir de 1821, com o crescimento da demanda internacional, o café começa a ser plantado em larga escala no vale do rio Paraíba e na Zona da Mata mineira, convertendo-se na base da riqueza do Rio de Janeiro e de Minas Gerais, até meados dos anos 1880, quando se inicia sua derrocada. A exploração exaustiva do solo e a rigidez da produção assentada no regime escravocrata diminuíram drasticamente a produtividade nas zonas primitivas, que não suportaram a concorrência do estado de São Paulo, com terras férteis e descansadas, lavradas por mão de obra imigrante assalariada.

Em 1889, um ano após a libertação dos escravos, um grupo de militares e de políticos descontentes com a monarquia põe fim ao Império, por meio de um golpe de Estado. A substituição da forma de governo não afeta a economia, que continua vinculada à monocultura cafeeira destinada à exportação, mas reestrutura o comando do país – até 1930, São Paulo e Minas Gerais irão se alternar na Presidência da República, naquilo que ficou conhecido como "política do café com leite". O Partido Republicano Paulista (PRP), representando a rica oligarquia cafeeira, dominava amplamente o poder central, compartilhado compulsoriamente com o Partido Republicano Mineiro (PRM), dono do maior contingente populacional, o que, diante de eleições fraudulentas, pesava na contagem final dos votos.

***

O amplo território denominado Sertões do Leste, onde hoje situa-se a cidade de Cataguases, somente começou a ser explorado no início do século XIX, após a decadência do distrito aurífero mineiro. Antes, mantinha-se preservado, por se tratar de densa floresta, quase impenetrável, habitada por povos originários hostis, formando assim uma barreira natural ao contrabando de ouro, daí também ser conhecido como Áreas Proibidas. Paulo Mercadante explica que:

> apesar da proximidade da Costa, a ocupação não se fizera. O ouro lá não existia, ou pelo menos nunca aflorou nas bacias dos seus rios. [...] Acresce a isto o concorrer-se outro fator à conservação da barreira. A administração vedava o povoamento, por política fiscal, a fim de proteger o erário. Procurava-se manter a ligação da capitania [de Minas Gerais] ao Rio de Janeiro apenas por uma rota, com o fito de resguardar a Coroa do descaminho e contrabando.[20]

Com o esgotamento das minas e a demanda por terras virgens destinadas ao cultivo do café, os Sertões do Leste passaram por um rápido processo de desbravamento. Em 1828, em visita de inspeção à Terceira Divisão Militar, aquartelada no lugarejo denominado Porto dos Diamantes, o francês Guido Thomas Marlière, nomeado por D. Pedro I coronel-comandante das Divisões Militares do Rio Doce, inspetor-geral das Estradas e encarregado da Civilização e Catequese dos Índios em Minas Gerais, e cognominado "apóstolo das selvas mineiras", recebeu, das mãos do sargento de ordenanças, Henrique José de Azevedo, "extenso e magnífico trato de terras [...] a fim de que ali se construísse

---

[20] MERCADANTE, Paulo. *Os sertões do leste: estudo de uma região: a Mata Mineira*. Rio de Janeiro: Zahar, 1973. p. 22-23.

uma capela, sob invocação de Santa Rita",[21] originando a povoação de Meia-Pataca, mais tarde, Cataguases. A ocupação deu-se com tanta violência que, quando lá chegou, Marlière ainda encontrou, "distanciados uns dos outros, nada mais de trinta e oito fogos de brasileiros – simples choças ou casebres – e algumas aldeias de Coroados, Coropós e Puris", mas, 14 anos depois, em 1842, quando ali aporta Joaquim Vieira da Silva Pinto, vindo de Lagoa Dourada, "seguido de escravos, e abrindo picada na mata virgem",[22] já não há mais menção a índios na região.

Joaquim Vieira da Silva Pinto assentou a Fazenda da Glória, "um latifúndio de milhares de alqueires de terras", onde plantou café; tornou-se "chefe incontrastável de toda a região" com o título de major, recebido do governo imperial em 1851; e ampliou seu poder a tal ponto que até na sede do governo provincial conheciam-no como Leão da Mata, referência à Zona da Mata, como os Sertões do Leste passaram a ser conhecidos. Atraídos pela disponibilidade de terras, fazendeiros de vários pontos da província, muitos deles parentes do major Vieira, transferiram-se para Cataguases. Quando instalado oficialmente, em 7 de setembro de 1877, o município já era importante produtor de café.

Em 1877 também é inaugurado o ramal da The Leopoldina Railway Company que ligou Cataguases ao Rio de Janeiro, o que por um lado facilitava o escoamento da produção de café, e por outro aproximava a cidade das últimas novidades da capital do país – quando não havia atrasos, o trem levava cerca de 11 horas entre um ponto e

---

[21] RESENDE, Enrique de. *Pequena história sentimental de Cataguases*. Belo Horizonte; São Paulo: Itatiaia, 1969. p. 22.

[22] RESENDE. *Pequena história sentimental de Cataguases*, p. 24.

outro.[23] Segundo Selma Melo Miranda, "a posição da cidade [Cataguases] como ponta de trilhos favorece a expansão agrícola e comercial. Não é difícil imaginar o que significa a estrada de ferro para a vida local. Inicia-se o processo de formação da nova cidade, com grande movimento, gente chegando de todos os lugares, novas informações, novos programas arquitetônicos, nova linguagem formal".[24]

Por volta dos anos 1880, para além da cafeicultura, a cidade contava, como aponta Silvana Fanni, com uma economia abrangente – pecuária, indústria e comércio promissores:

No jornal *Folha de Minas* [periódico que circulou em Cataguases entre 1884 e 1898] era notável a demanda por insumos relacionados ao beneficiamento de café, mas também existiu a presença de engenhos de arroz e açúcar [...] Eram comuns anúncios de venda de feijão, fumo, animais. Além da oferta de serviços de ferreiro, serralheiro, maquinista, farmacêutico [...] O comércio era formado pelos mais variados tipos de casas, desde vendas até lojas que traziam produtos da Corte e da Europa, tudo na "última moda".[25]

---

[23] Por conta da ferrovia, Cataguases se tornaria uma espécie de centro privilegiado de acolhimento de intelectuais em fuga da repressão política desencadeada pelo governo Floriano Peixoto, após a Revolta da Armada, em 1893. Abrigaram-se na cidade, entre outros, o poeta Osório Duque-Estrada (1870-1927), autor da letra do Hino Nacional, que lá fundou um jornal, *O Eco de Cataguases* (1894-1896); o jornalista e político Quintino Bocaiúva (1836-1912); e o bibliotecário e ensaísta Raul Villa-Lobos (1862-1899), com sua família, entre eles, o filho Heitor Villa-Lobos (1887-1959), que viria a se tornar um dos maiores compositores de música erudita do mundo.

[24] MIRANDA, Selma Melo. Cataguases: a cidade e a arquitetura. *In: CATAGUASES: um olhar sobre a modernidade.* Cataguases: Secretaria de Cultura, Esportes e Turismo, 1993. Catálogo de exposição. p. 5.

[25] FANNI, Silvana. Escravidão, economia e liberdade. *In:* LANZIERI JÚNIOR, Carlile; FRADE, Inácio (Org.). *Muitas Cataguases: novos olhares acerca da história regional.* Juiz de Fora: Editar, 2006. p. 67.

No final do século XIX, "grande empório regional do comércio de café, e uma rica e movimentada praça comercial", Cataguases vivia uma era de "prosperidades e opulência", com o capital excedente aplicado na constituição de uma infraestrutura urbana capaz de recriar as condições de vida do Rio de Janeiro. Segundo testemunho de Artur Vieira de Rezende e Silva e Astolfo Vieira de Rezende, por essa época a cidade

> edificou os seus melhores prédios, construiu o seu primeiro jardim, o do Largo do Comércio (hoje Praça Rui Barbosa), possuiu algumas fábricas e multiplicou em todos os sentidos as suas fontes de renda. Iniciou a construção do Teatro Recreio Cataguasense, grande e formoso edifício inaugurado em 7 de setembro de 1898, e do Paço Municipal, além de outros edifícios. Fez-se o calçamento das ruas, o cimentamento dos passeios, pontes, bueiros, estradas, etc.[26]

Duraria pouco, no entanto, essa época de riqueza. Na virada do século XIX para o XX, a Zona da Mata já dava mostras do "cansaço da terra" – a produção de café de Cataguases cai de 1.800 toneladas, em 1901, para 760 toneladas, em 1907. Pressentindo o declínio irremediável da cafeicultura, a elite financeira da cidade antecipa-se e, aproveitando o equipamento público herdado dos tempos áureos, reinventa-se economicamente. Em 1905, os coronéis Joaquim Gomes de Araújo e João Duarte Ferreira, o major Maurício Eugênio Murgel e o advogado Norberto Custódio Ferreira fundam a Companhia de Fiação e

---

[26] *Apud* COSTA, Levy Simões da. *Cataguases centenária*. Cataguases: Prefeitura Municipal, 1977. p. 455.

Tecelagem de Algodão, transferida em 1911 para Manuel Ignácio Peixoto. Os citados Norberto Custódio Ferreira e João Duarte Ferreira, juntamente ao advogado José Monteiro Ribeiro Junqueira, lançam as bases da Companhia Força e Luz Cataguases-Leopoldina, hoje Energisa, inaugurada em 14 de julho de 1908. Assim, enquanto o restante da região – à exceção de Juiz de Fora – entrava numa espiral de empobrecimento nunca mais superado, Cataguases alavancava-se em importante centro fabril.

O grau de desenvolvimento alcançado pela cidade naquele momento tem em Humberto Mauro um importante testemunho:

> Quando em 1910, meus pais vieram residir em Cataguases, já encontramos uma cidade civilizada, de indústrias numerosas, comércio sólido, instruída e liberal. Havia uma liberdade política e religiosa de fazer inveja a outros municípios da Zona da Mata, não menos importantes. [...] A alta qualidade de ensino preparava o lustro da sua fama: o Ginásio, o Colégio das Irmãs, o Grupo Escolar, e a orientação sábia de pedagogos e didatas eminentes, como Eurico Rabelo e Antônio Amaro.[27]

A nova burguesia urbana, comercial e industrial, era formada em sua maioria por imigrantes portugueses, como João Duarte Ferreira (1850-1924), Manuel Ignácio Peixoto (1852-1917), Manuel da Silva Rama (1871-1968), José de Queiroz Pereira (1876-1960), os irmãos Francisco (1888-1972) e Aníbal Salgado (1890-1973) e Antero Ribeiro (1984-1974), entre outros. Os filhos dos coronéis,

---

[27] *Apud* VIANNY, Alex. *Humberto Mauro. Sua vida / sua arte / sua trajetória no cinema.* Rio de Janeiro: Artenova; Embrafilme, 1978. p. 168.

pertencentes à antiga aristocracia cafeeira, transfiguram-se em profissionais liberais ou funcionários públicos, como o clã Vieira de Rezende, ligado ao fundador da cidade: os irmãos Afonso Henrique (1863-1934) e Astolfo (1870-1946), advogados, e Artur (1868-1945), político; os primos Henrique[28] (1899-1973), engenheiro, Édison (1901-1960), médico, e Tito (1902-1966), advogado.

Com base em informações de Artur Vieira de Rezende e Silva, Ângela de Fátima Faria Pimenta[29] informa que, entre 1901 e 1905, a Câmara de Cataguases aprovou leis que isentavam de impostos os moinhos de fubá e quaisquer indústrias que viessem a se instalar na cidade, reduziam a taxação dos engenhos de café e açúcar, e desoneravam, por 10 anos, as sociedades com sede no município para a fabricação de fiação, tecelagem e tinturaria. Aliada a essa política de incentivos fiscais, a instalação da energia elétrica, em 1908, impulsionou as atividades industriais. Além das empresas que absorviam a maior parte da mão de obra – Companhia de Fiação e Tecelagem de Algodão, Companhia Força e Luz Cataguases-Leopoldina e The Leopoldina Railway Company –, foram surgindo novas manufaturas, enquanto outras se renovavam: Engenho Central, que beneficiava café e arroz (1896), fábrica de baús de Francisco Faraco (1904), Nogueira & Cia, fábrica de massas, biscoitos e balas (1906), Silva Rama & Macio, fábrica de gelo e laticínios (1909), Fábrica de Tecidos União Industrial (1911) etc.

---

[28] Henrique [Vieira] de Rezende cumprirá papel de destaque no grupo Verde.

[29] PIMENTA, Ângela de Fátima Faria. O despertar do proletariado na Zona da Mata mineira: Cataguases (1906-1920). *Anais do XXVI Simpósio Nacional de História – ANPUH*, São Paulo, jul. 2011. p. 12.

Com a expansão das atividades industriais, surge o proletariado. Em 1906, Cataguases já conta com uma Liga Operária, cujo núcleo agrupa principalmente teceloes e ferroviários, impregnada de um caráter bastante híbrido de ideias socialistas, mutualistas e anarquistas, como conclui Ângela de Fátima Faria Pimenta.[30] A Liga promovia palestras, festas, aulas noturnas para instrução primária e secundária, e criou ainda uma banda musical e uma caixa de socorro destinada ao pagamento de despesas com enterros e pensões para as viúvas. Em janeiro de 1912, os operários que construíam o Grupo Escolar promoveram a primeira greve, reivindicando melhores salários, e, em fevereiro de 1920, as tecelãs da Irmãos Peixoto & Cia (antiga Companhia de Fiação e Tecelagem de Algodão) cruzaram os braços por um aumento de 10% sobre a tabela de preços pagos por metro de algodão, seguidas pelos empregados da The Leopoldina Railway, que aderiram ao movimento dos ferroviários, iniciado no Rio de Janeiro. Embora não haja registro de engajamento em Cataguases à greve geral de 1917 – praticamente limitada a São Paulo, Rio de Janeiro e Porto Alegre –, o movimento operário da cidade também sofreu as consequências da dura repressão policial que, iniciada ainda no governo Epitácio Pessoa (1919-1922), perduraria no tempo.[31]

---

[30] PIMENTA. O despertar do proletariado na Zona da Mata mineira: Cataguases (1906-1920), p. 15.

[31] Ver ALONSO, Paulo Henrique (Coord). *Memória e patrimônio cultural de Cataguases*. Cataguases: Instituto Cultural de Cataguases, 2012. v. 2, p. 49-72 (Depoimento de Evaristo Garcia) e p. 75-88 (Depoimento de Homero de Souza); *Memória e patrimônio cultural de Cataguases*. Cataguases: Instituto Cultural de Cataguases, 2014. v. 5, p. 241-287 (Depoimento de Wilson Valverde).

Portanto, ao entrar na década de 1920, Cataguases não é um acanhado arrabalde fincado nos confins de Minas Gerais. O censo de 1920 mostra que o município agregava uma população de 60.238 pessoas, distribuídas entre a sede e oito distritos (Mirahy, Porto de Santo Antônio, Laranjal, Sereno, Itamaraty, Cataguarino, Vista Alegre e Sant'Anna de Cataguases), um número maior que o domiciliado na capital do estado, Belo Horizonte, fundada em 1897, com 50.703 pessoas.[32] A sede do município registrava 11.698 pessoas e contava com serviços de correios (1872), sistema de água potável (1892), luz elétrica (1908), telefonia (1912), telégrafo (1917), bancos (Crédito Real de Minas Gerais, 1898, e Banco do Brasil, 1918), hospedaria (Grande Hotel Villas, 1895) e hospital (1899). Os jovens se educavam no Grupo Escolar (1913), no Ginásio e Escola Normal (1910, desmembrados em 1917), ou no Colégio Nossa Senhora do Carmo (1912), e tinham à disposição 1.700 livros na biblioteca municipal. A população rica frequentava o Teatro Recreio (1896), participava dos bailes do Comercial Clube (1912), praticava esportes nobres no Clube do Remo (1927), assistia à missa na igreja gótica de Santa Rita (1851, totalmente remodelada em 1909) ou ao culto na igreja metodista (1894). Apartado, o proletariado contava com as atividades da Liga Operária, cuja sede própria foi inaugurada em 8 de maio de 1915, e de dois clubes de futebol, ambos fundados em 1917, Flamengo e Operário.

---

[32] BRASIL. Ministério da Agricultura, Indústria e Comércio. *População: população do Brasil por estados, municípios e distritos segundo o sexo, o estado civil e a nacionalidade.* 1ª parte. Rio de Janeiro: Typographia da Estatística, 1926. p. 419. (Recenseamento do Brasil, v. 4).

Segundo minucioso levantamento do jornal *Catagua-ses*, em 1927, ano em que comemorava 50 anos de fundação e em que é lançada a revista *Verde*, a cidade abrigava 16 mil habitantes e

30 ruas, 1300 casas, 1 fábrica de tecidos, de Irmãos Peixoto & Cia; 2 fábricas de macarrão, Nogueira & Cia e Salgado & Cia; 3 refinações de açúcar, Nogueira & Cia, A. Lombardi e Salgado & Cia; 2 fundições e mecânicas, de João Duarte Ferreira & Cia e de Gabriel Junqueira; 2 oficinas para consertos de automóveis, Ciodaro & Filho e Serpa Ribeiro & Cia; 5 agências bancárias – Banco do Brasil, Crédito Real de Minas Gerais, Hipotecário e Agrícola, Irmãos Peixoto & Cia e João Duarte Ferreira & Cia; 5 agências de automóveis – Chandler, Chevrolet, Dodge, Buick e Ford; 4 hotéis – Villas, Brasil, Avenida e Comércio; 8 pensões; 4 bares de primeira ordem; 6 botequins menores; 1 teatro – Recreio, com capacidade para 2000 pessoas; diversas casas de comércio por atacado e a varejo; 8 farmácias; 7 açougues; 6 padarias; 2 fábricas de bebidas, de Nogueira & Cia e Almeida & Fajardo; 1 fábrica de laticínios, de Anthero Ribeiro; 12 barbearias; 7 alfaiatarias; 3 engenhos de beneficiar café; 2 serrarias; 9 médicos; 10 dentistas; 2 fábricas de móveis; 1 ateliê fotográfico, de Pedro Comello; 1 Cia Sul Americana de Filmes; 3 tipografias – a do Jornal Cataguases, a de Muniz & Barbosa e a de Ribeiro Garcia & Cia; 2 marmorarias; diversas carpintarias; torrefações de café; diversas sapatarias; 1 curtume; 1 usina de açúcar e aguardente; 1 hospital; 1 Ginásio; 1 Grupo Escolar; 1 Escola Normal; diversas escolas particulares; 1 orfanato Dom Silvério; 1 horto florestal.[33]

---

[33] CATAGUASES. Cataguases, 7 set. 1927, p. 3.

Em outra matéria, no mesmo jornal, são entrevistados os proprietários da loja A Brasileira, a respeito do consumo de livros no ano de 1928, concluindo-se que "a classe média em Cataguases lê muito", pois, além de 600 romances populares, foram vendidas "cerca de 4.500 obras de literatura, religião, arte de diversos autores, e 7.000 livros didáticos para ensino primário e secundário". Entre os autores mais procurados encontravam-se os portugueses Eça de Queiroz, Camilo Castelo Branco e Alexandre Herculano, na prosa, e Guerra Junqueira, Bocage e Camões, na poesia; os brasileiros José de Alencar, Coelho Neto e Bernardo Guimarães, na prosa, e Castro Alves, Olavo Bilac e Casimiro de Abreu, na poesia; além dos franceses Alexandre Dumas Filho, Victor Hugo e Émile Zola, e de *best-sellers*, como o francês M. Delly e o espanhol Blasco Ilbañez. Mas, mais sintomático, "venderam-se 50 volumes de Francisco Inácio Peixoto e Guilhermino César e 50 de Henrique de Rezende".[34] Esses livros eram, provavelmente, *Meia-pataca*, de Peixoto e César (Cataguases: Verde, 1928), e *Poemas cronológicos*, de Henrique de Resende, Rosário Fusco e Ascânio Lopes (Cataguases: Verde, 1928).

Em dois poemas, escritos em 1927 e 1928, respectivamente, Ascânio Lopes, um dos mais interessantes membros do grupo Verde, captou, à perfeição, o momento da passagem da economia agroexportadora baseada na monocultura do café para a exploração industrial do algodão. O primeiro poema, "A fazenda não dá mais café", exibe a atmosfera sombria das propriedades rurais arruinadas, enquanto o

---

[34] UMA REPORTAGEM interessante. *Cataguases*, Cataguases, 2 jun. 1929, p. 1.

segundo, "O revoltado", flagra o novo personagem da paisagem urbana, o operário têxtil.

A fazenda não dá mais café

Cromos de folhinhas velhas enfeitam as paredes
quadros piedosos de santos, retratos descorados de
homens barbudos
de mulheres com roupas estranhas.
Mobília antiga e pesada, cadeiras mancas
com a palhinha furada.
Teias de aranha, pó nas paredes
cheias de figuras e datas a carvão e a lápis.
Um cachorro dorme um sono tranquilo na sala de jantar.
Parece que há alguém muito doente
dentro da velha casa desanimada.
Crianças sujas brincam sem alegria
no terreiro cheio de mato.
Ar pesado.
Entretanto a fazenda já foi alegre e catita
mas começou a ficar assim desde que a terra cansou
e os cafeeiros envelheceram.

O revoltado

A sirena apitou longamente
fazendo parar os teares e as máquinas.
Ele vestiu o paletó e saiu para o bairro pobre
onde mora, numa casa pobre.
As suas mãos estão calejadas.
O corpo dolorido anseia um descanso infinito
desconhecido.

Olha só para frente, sem se importar com quem passa.
Parou pensando uma coisa
e brilhou no seu olhar o ódio contido
faiscou rápido o desejo insatisfeito.
Pôs-se a andar
Os grandes olhos abertos, mas sem lágrimas.

1922

As efemérides, ainda que abstrações, são sempre marcos de reflexão. Não foi diferente com 1922, quando o Brasil comemorava 100 anos de independência. De um lado, havia uma euforia generalizada, provocada pelo fim de duas tragédias mundiais: a Grande Guerra, em 1918, que resultou em 10 milhões de mortos, 20 milhões de feridos, 10 milhões de refugiados, cidades destruídas, países arruinados, o mapamúndi redesenhado; e a gripe espanhola, em 1919, pandemia que vitimou presumidas 50 milhões de pessoas. O futuro apresentava-se como um radioso espaço de liberdade individual, desenvolvimento econômico e progresso tecnológico. Nelson Werneck Sodré traça um panorama do Brasil naquele período:

> A acumulação capitalista derivada da expansão da lavoura do café não só proporcionara o crescimento acentuado do mercado interno, servindo-o, além do mais, com uma rede de transportes que possibilitava a distribuição, como influíra decisivamente no surto industrial. O isolamento acarretado pelo primeiro grande conflito militar do século dera um grande impulso ao parque que cobria as necessidades em bens de consumo, suprindo a falta de importações. Desenvolvia-se o crédito, por outro lado, enquanto,

na própria lavoura, a introdução de relações capitalistas alterava o quadro tradicional.[35]

A expressão vigorosa desse otimismo se revelou na preparação e realização da Exposição do Centenário, no Rio de Janeiro, que contabilizava números superlativos. Para a construção dos pavilhões, até mesmo a paisagem da cidade foi alterada, com a derrubada do Morro do Castelo, como conta Ruy Castro:

> Nas traseiras da avenida Rio Branco, batalhões de operários, munidos de dinamite, pás mecânicas, escavadeiras a vapor e bombas hidráulicas que despejavam jatos de alta pressão, punham abaixo um morro de 63 metros de altura com 184 mil metros quadrados de área, que produziriam 4,6 milhões de metros cúbicos de terra.[36]

Catorze países participaram do evento, e a programação incluía atrativos para o povo − concertos sinfônicos, parque de diversões, sorteio de brinquedos para as crianças, sessões de cinema, além de visita aos pavilhões − e congressos técnicos e científicos. A exposição alcançou tamanho sucesso que, prevista para durar de 7 de setembro a 31 de dezembro, estendeu-se até 23 de julho do ano seguinte, sendo visitada por mais de 3 milhões de pessoas.

No entanto, por outro lado, muitos acreditavam que não havia, de fato, muito a celebrar. Se houve avanços importantes, a abolição da ignominiosa escravatura e a

---

[35] SODRÉ, Nelson Werneck. *História da literatura brasileira: seus fundamentos econômicos*. 6. ed. Rio de Janeiro: Civilização Brasileira, 1976. p. 523.
[36] CASTRO, Ruy. *Metrópole à beira-mar: o Rio moderno dos anos 20*. São Paulo: Companhia das Letras, 2019. p. 132-133.

derrubada do Império, o poder político mantinha-se nas mãos das oligarquias agroexportadoras, e a maior parte da população vivia confinada nos grotões, analfabeta e miserável. Assim, em 1922, a nascente classe média urbana e o incipiente proletariado, sem espaço nas mesas de decisões, organizam-se. Em 25 de março, inspirados pela Revolução Bolchevique de 1917, um pequeno grupo de intelectuais e operários reunidos em Niterói (RJ) funda o Partido Comunista, tendo como secretário-geral Abílio de Nequete, logo substituído por Astrojildo Pereira – fechada três meses depois, a agremiação passaria a maior parte de sua existência atuando na clandestinidade. Ao mesmo tempo, Jackson de Figueiredo estrutura o Centro Dom Vital, instituição que seria ao longo das décadas, por meio da revista *A Ordem*, criada no ano anterior, porta-voz do conservadorismo católico.

O mineiro Arthur Bernardes, eleito presidente da República em 1º de março, só tomaria posse no dia 15 de novembro. Enquanto isso, o paraibano Epitácio Pessoa tentava administrar a grave crise na qual o governo se achava envolvido. No ano anterior, o jornal *Correio da Manhã* divulgara cartas atribuídas a Bernardes que continham insultos às Forças Armadas e ao ex-presidente marechal Hermes da Fonseca. Embora tenha sido provado tratar-se de uma fraude, o clima se manteve tenso, e a candidatura de Bernardes não teve apoio de Rio Grande do Sul, Rio de Janeiro, Bahia e Pernambuco. Insatisfeitos com o resultado do pleito, os militares conspiravam, preparando um golpe destinado a derrubar Pessoa e impedir a posse de Bernardes. No dia 5 de julho, oficiais aquartelados no Forte de Copacabana se rebelaram – no episódio conhecido como "Os 18 do Forte" –, mas, sem conseguir adesões, foram massacrados. Apesar disso, o movimento tenentista se espalhou, e, de forma direta ou indireta, as reivindicações por reformas sociais e políticas se desdobraram na Revolução Paulista de 1924, quando São Paulo chegou a ser bombardeada por tropas do governo central, na guerra de guerrilhas promovida pela Coluna Prestes e, em última instância, no golpe civil-militar de 1930, que pôs fim à República Velha.

***

É nesse contexto que um grupo de artistas organiza a Semana de Arte Moderna no Teatro Municipal de São Paulo, ponto culminante de uma série de ações que já vinham se desenvolvendo anteriormente, ainda que de forma desarticulada. Financiada pela elite cafeeira paulista, a Semana nasceu de uma sugestão de Di Cavalcanti e das injunções de Graça Aranha,[37] e tinha como objetivo romper com padrões estéticos importados – embora, ironicamente, a inspiração para o movimento fosse totalmente europeia.

O modernismo brasileiro é, na verdade, caudatário das vertiginosas mudanças que estavam ocorrendo no mundo ocidental. A Grande Guerra, que transformou parte substancial do mundo em um imenso campo de batalha, pôs fim efetivamente ao século XIX, acelerando as transformações tecnológicas e científicas e rompendo tanto com o clima de euforia da *belle époque*, quanto com o pessimismo decadentista *fin de siècle*. De repente, os cavalos e bois cederam lugar aos caminhões e tanques; as espadas e espingardas foram substituídas por metralhadoras e granadas; os gases venenosos matavam ou tornavam imprestáveis centenas de

---

[37] Ver GONÇALVES, Marcos Augusto. *1922: a semana que não terminou.* São Paulo: Companhia das Letras, 2012.

milhares de militares e civis; o avião fazia sua estreia como arma de combate.

Ao mesmo tempo, se o avião e o carro encurtavam as distâncias e o telefone facilitava a comunicação pessoal, o jornal, o cinema e o rádio massificavam o entretenimento e a informação, contribuindo para a divulgação de novas e ousadas ideias: o evolucionismo de Charles Darwin, a psicanálise de Sigmund Freud, a física de Albert Einstein, o capitalismo serialista de Henry Ford, o comunismo de Karl Marx, e também as experiências da vanguarda artística – futurismo, cubismo, dadaísmo, expressionismo. Gilberto Mendonça Telles argumenta que

> as ideias filosóficas e sociológicas, bem como o desenvolvimento científico e técnico da época, contribuíram para a inquietação espiritual e intelectual dos escritores, divididos entre as forças negativas do passado e as tendências ordenadoras do futuro, que afinal predominaram, motivando uma pluralidade de investigações em todos os campos da arte e transformando os primeiros anos deste século [século XX] no laboratório das mais avançadas concepções da arte e da literatura.[38]

E essas novas concepções de arte iam pouco a pouco desembarcando no Brasil, tendo São Paulo como centro aglutinador. Em março de 1913, Lasar Segall expõe, num salão alugado da rua São Bento, uma pintura já claramente antiacadêmica. Anita Malfatti mostra, em dois momentos diferentes, trabalhos que exibem influências

---

[38] TELLES, Gilberto Mendonça. *Vanguarda europeia e modernismo brasileiro*. 8. ed. Petrópolis: Vozes; Brasília: Ministério da Educação e Cultura, 1979. p. 27.

do expressionismo, a primeira em 1914, ao voltar da Alemanha, a outra em 1917, ao regressar dos Estados Unidos – esta última, aliás, provocaria reação virulenta de Monteiro Lobato e defesa apaixonada de Oswald de Andrade. Em 1920, os modernistas paulistas tomam contato com Victor Brecheret, que acabara de chegar de uma temporada de estudos em Roma, e conhecem a pintura de Vicente do Rego Monteiro, exibida na Livraria Moderna. No Rio de Janeiro, Heitor Villa-Lobos já angariara respeito do meio musical erudito.

Em 27 de maio de 1921, Oswald de Andrade escreve um artigo no *Jornal do Commercio*, "O meu poeta futurista", apresentando a poesia modernista de Mário de Andrade, e, no dia 20 de outubro, ambos viajam para o Rio de Janeiro para expressamente tentar engrossar "a turba 'futurista' de São Paulo", conforme palavras de Menotti del Picchia.[39] Na casa de Ronald de Carvalho, e depois na residência de Olegário Mariano, Mário de Andrade lê os poemas de *Paulicéia desvairada*, contando com a presença de Manuel Bandeira, cujo livro, *Carnaval*, lançado em 1919 e descoberto por Guilherme de Almeida, era cultuado pelos paulistas.

Conforme depoimento de Renato Almeida:

> Graça Aranha nos chamou – a Elysio de Carvalho, a Ronald [de Carvalho] e a mim – e nos disse que Di Cavalcanti lhe sugerira uma ideia admirável. Era realizar uma grande festa de arte, com elementos modernos, em que se fizessem conferências, recitassem versos, tocassem músicas e

---

[39] PICCHIA, Menotti del. A bandeira futurista. *Correio Paulistano*, São Paulo, 22 out. 1921. *Apud* BRITO, Mário da Silva. *História do modernismo brasileiro: Antecedentes da Semana de Arte Moderna*. 4. ed. Rio de Janeiro: Civilização Brasileira, 1974. p. 317.

expusessem coisas modernas. Graça Aranha estava disposto a promover essa reunião, mas achava preferível fazê-la em São Paulo, sobretudo porque havia lá um grupo muito forte de modernistas, não só escritores e poetas, como ainda pintores e escultores.[40]

Assim, entre 11 e 17 de fevereiro de 1922 é realizada a Semana de Arte Moderna, em São Paulo, que contou com exposições de arquitetura (Antonio Moya, Georg Przyrembel), escultura (Victor Brecheret, Wilhelm Haarberg, Hildegardo Velloso) e pintura (Anita Malfatti, Di Cavalcanti, Vicente do Rego Monteiro, Antonio Paim Vieira, Ferrignac, John Graz, Yan de Almeida Prado, Zina Aita), além de conferências de Graça Aranha, Ronald de Carvalho, Mário de Andrade e Menotti del Picchia e leituras de poemas de Afonso Schmidt, Agenor Barbosa, Álvaro Moreyra, Elysio de Carvalho, Guilherme de Almeida, Luiz Aranha, Oswald de Andrade, Sérgio Milliet, Tácito de Almeida e Manuel Bandeira, entremeadas por execuções musicais. O último dia foi totalmente dedicado à obra de Villa-Lobos.

Como prolongamento natural da Semana de Arte Moderna, em 15 de maio aparece a revista *Klaxon: Mensário de Arte Moderna*, sendo Rubens Borba de Morais "o homem-chave da revista", segundo Joaquim Inojosa.[41] *Klaxon* durou nove números[42] e contou com a colaboração de

---

[40] ALMEIDA, Renato. Ronald de Carvalho e o Modernismo. *Lanterna Verde: Boletim da Sociedade Felippe D'Oliveira*, Rio de Janeiro, n. 4, nov. 1936. p. 70.

[41] *Apud* DOYLE, Plínio. *História de revistas e jornais literários*. Rio de Janeiro: Casa de Rui Barbosa, 1976. v. I. p. 59-60.

[42] Do número 1 ao número 6, com regularidade mensal, entre 15 de maio e 15 de outubro de 1922, o número 7, em 30 de novembro de 1922, e o último fascículo, numerado como 8-9, em janeiro-fevereiro de 1923.

Mário de Andrade, Guilherme de Almeida, Sérgio Milliet, Oswald de Andrade, Menotti del Picchia, Manuel Bandeira, Ribeiro Couto, Sérgio Buarque de Holanda e Ronald de Carvalho, entre outros. Três meses depois, surge no Rio de Janeiro *Árvore Nova: Revista do Movimento Cultural do Brasil*, dirigida por Rocha de Andrade e Tasso da Silveira, que, mesmo sem provocar o mesmo impacto que a similar paulista, divulgou, em seus quatro números,[43] textos de Manuel Bandeira, Cecília Meireles, Sérgio Buarque de Holanda, Guilherme de Almeida, Jorge de Lima e José Lins do Rego, entre outros.

As opções estéticas de São Paulo (*Klaxon*) e do Rio de Janeiro (Árvore Nova) marcariam mais ou menos os rumos do modernismo brasileiro. Embora não se colocassem em campos opostos, afinal ambas as correntes pregavam o nacionalismo como ideologia e o rompimento com o passado como plataforma, paulistas e cariocas comungavam visões estratégicas diferentes: ao radicalismo paulista contrapunha-se o conservadorismo carioca. Assim, a experiência modernista em São Paulo, ainda que não coesa, desdobrou-se na publicação de *Novíssima* (1923), fundada por Cassiano Ricardo, *Terra Roxa e Outras Terras* (1926), dirigida por A. C. Couto de Barros e Alcântara Machado, e *Revista de Antropofagia* (1928-1929), tendo à frente Alcântara Machado e Raul Bopp, na primeira fase, e Raul Bopp e Jaime Adour da Câmara, na segunda fase, enquanto, no Rio de Janeiro, Árvore Nova prolonga-se, sempre com Tasso da Silveira à frente, em *Terra do Sol* (1924-1925) e *Festa* (1927-1929). A revista *Estética*, de

---

[43] Os três primeiros mensalmente, em agosto, setembro e outubro de 1922, e o último, datado como ano II, n. 1, em janeiro de 1923.

Prudente de Moraes, neto, e Sérgio Buarque de Holanda, que tirou três números entre 1924 e 1925,[44] posicionava-se para além dos dois grupos.

Ao longo da década de 1920, influenciados, uns mais, outros menos, pelas novas ideias, foram surgindo grupos e revistas modernistas em vários pontos do Brasil: *Mauriceia* (1923) e *Revista do Norte* (1926), em Recife; *Belém Nova* (1923), em Belém; *A Revista* (1925) e *Leite Criôlo* (1929), em Belo Horizonte; *Madrugada* (1926), em Porto Alegre; *Arco e Flexa* (1928), em Salvador; *Maracajá* (1928), em Fortaleza; *Equador* (1929), em Manaus – e *Verde* (1927), em Cataguases, que, mesmo publicada fora das capitais,[45] ganhou uma visibilidade comparável à dos periódicos do Rio de Janeiro e de São Paulo.

---

[44] Equivalentes a setembro de 1924, janeiro-março e abril-junho de 1925.

[45] *Verde* não foi a única revista existente no interior – houve a *Electrica* (1927), em Itanhandu, e *Montanha* (1929), em Ubá, também ambas, curiosamente, em Minas Gerais.

ANTES DA *VERDE*

Asedimentação de certa abertura para a cultura literária em Cataguases pode ser reputada, em grande medida, à importância do Ginásio Municipal na formação de toda uma geração intelectual.[46] Fundada em 1910, a escola mudou de mãos algumas vezes, antes de se filiar, em 1914, ao Colégio São José, de Ubá, de propriedade dos professores José Januário Carneiro e Antônio Amaro Martins da Costa. Em janeiro de 1917, este último muda-se em definitivo para Cataguases, assumindo diretamente a direção do ginásio, cuja fama rapidamente se espalha pela região. Assim, na primeira metade dos anos 1920, quase todos os futuros membros do grupo Verde passarão pelas suas dependências: Martins Mendes, Ascânio Lopes, Christophoro Fonte-Bôa, Oswaldo Abritta, Guilhermino César, Francisco Inácio Peixoto e Camilo Soares – à exceção de Henrique de Resende, que fez o curso médio no Rio de Janeiro e em Ouro Preto e formou-se em Engenharia Civil em Juiz de Fora, e de Rosário Fusco, que só concluiria o curso médio no final daquela década.

---

[46] A cidade contava com uma tradição de periódicos que contemplavam espaço para manifestações literárias, como a *Revista do Interior*, de 1915, e a *Revista da Mata*, de 1917, além, claro, do jornal *Cataguases*.

Guilhermino César, um dos mais destacados nomes do grupo, recorda que

> o Ginásio Municipal de Cataguases [...] reunira no segundo decênio deste século [século XX] um grupo de bons professores, dentre os quais Cleto Toscano Barreto, juiz de direito da Comarca. Ensinava português e francês aos meninos, com uma austeridade e saber a que eles não foram indiferentes. Dava-lhes o mestre, a par de conhecimentos metódicos, regras de conduta intelectual. Traduzir Racine e Corneille, ler Camilo e Machado, analisar sintaticamente *Os Lusíadas*, isso não era nada. O velho Cleto fazia-os ler também os jornais do Rio, a *Revista de Língua Portuguesa*, de Laudelino Freire, artigos de crítica e de história literária. E, não contente, obrigava-os a escrever. Aos domingos e feriados havia ainda o Grêmio Literário Machado de Assis, a cujas sessões festivas comparecia o corpo docente. Junto da bibliotequinha da sociedade estudantil, onde a Enciclopédia Jackson se emparelhava com Machado, Alencar, Aluísio, Pompéia, Macedo, Julio Verne e o mais o que Deus e a censura didática permitiam, meninos e rapazes se exercitavam de várias formas, lendo trabalhos próprios e alheios, fazendo "crítica" (a que se pode imaginar) e declamando o que nem sempre se casava com o tom parnasiano gloriosamente reinante. Nesse ambiente veio repercutir a inquietação modernista. E de que maneira, já se adivinha: confusa e atropeladamente.[47]

Em carta a Laís Corrêa de Araújo, Rosário Fusco explica, com certo exagero em relação às datas, como essa "inquietação modernista" chegava a Cataguases: "Nós recebemos o modernismo em 23, 24 [*sic*], por intermédio do

---

[47] CÉSAR. Os verdes da *Verde*, [s.p.].

Ascânio [Lopes] e do João Luís de Almeida. Ascânio trazendo conversas de Belo Horizonte e João Luís de Almeida trazendo livros do Rio".[48]

Filho de um rico cafeicultor de Cataguases, João Luís de Almeida abastecia os amigos com livros e revistas modernistas, como recorda Guilhermino César:

> Naquela época, não era necessária a frequência, ele ia praticamente uma vez por mês, passava lá 10 dias no Rio, voltava, passava 20 em Cataguases, depois voltava para fazer provas no Rio. Vivia, assim, de baixo para cima, e trazia a mala cheia de livros. [...] Teve uma função muito importante no grupo Verde; foi o caixeiro-viajante do modernismo, trouxe o modernismo para Cataguases na sua mala.[49]

Por sua vez, Ascânio Lopes, vivendo em Belo Horizonte desde o começo de 1925, e morando na mesma pensão que Martins de Almeida,[50] manteve contato, ainda que discreto, com Emílio Moura, Carlos Drummond de Andrade e João Alphonsus,[51] que trabalhavam no *Diário de*

---

[48] *Apud* ARAÚJO, Laís Corrêa de. A poesia modernista de Minas. *In*: ÁVILA, Affonso (Org.). *O modernismo*. São Paulo: Perspectiva; Secretaria de Cultura, Ciência e Tecnologia de São Paulo, 1975. p. 182.

[49] *Apud* ROMANELLI. *A Revista Verde: contribuição para o estudo do modernismo brasileiro*, p. 212.

[50] Delson Gonçalves Ferreira identifica erroneamente o colega de pensão de Ascânio Lopes como o seu conterrâneo Martins Mendes. Ver FERREIRA, Delson Gonçalves. *Ascânio Lopes*. Belo Horizonte: Difusão Pan-Americana do Livro, 1967. p. 28.

[51] A passagem de Ascânio por Belo Horizonte é evocada por Drummond na crônica "Ascânio Lopes", primeira parte do texto intitulado "Dois poetas mortos em Minas Gerais" (*Confissões de Minas*. São Paulo: Companhia das Letras, 2020. p. 51-53), e por João Alphonsus no romance *Rola-Moça* (Rio de Janeiro: José Olympio, 1938. p. 62-64).

Minas, periódico que serviu como uma espécie de balão de ensaio para o lançamento de *A Revista*, em julho daquele ano.[52] Guilhermino Cesar recorda que:

> Ascânio Lopes, no grupo Verde, foi a figura intelectualmente mais madura, mais completa. [...] nós ficamos em Cataguases, estudando no ginásio e Ascânio saiu antes de nós para o curso de direito em BH. Lá ele conheceu Carlos Drummond, Emílio Moura, se não me engano, Pedro Nava, João Alphonsus, conviveu com os chamados "literatos oficiais" de BH. E, de volta a Cataguases, ele nos trouxe uma mensagem diferente daquela que costumávamos ouvir na nossa própria terra com os chamados poetas locais, parnasianos agudos que rimavam "bela" com "estrela" e não dormiam de felicidade pensando que haviam adquirido a rima mais fabulosa do universo. [...] Ele foi o nosso primeiro crítico: ele foi o primeiro a censurar-nos; o primeiro a notar as deficiências do movimento modernista brasileiro e as enormes deficiências da *Verde* de Cataguases, de modo que seu papel foi um papel regulador, foi um papel estabilizador das nossas inquietações.[53]

Também relevante a figura de Henrique de Resende. Engenheiro, autor de um livro de poemas simbolistas, *Turris eburnea*, publicado em 1923 pela editora de Monteiro Lobato, em São Paulo, Resende aproximou-se dos garotos ginasianos, conforme depoimento de Francisco Inácio Peixoto: "Ele se entusiasmou com aqueles rapazes

---

[52] Ver CURY, Maria Zilda Ferreira. *Horizontes modernistas: o jovem Drummond e seu grupo em papel jornal*. Belo Horizonte: Autêntica, 1998.

[53] BRANCO, Joaquim. Joaquim Branco entrevista Guilhermino César. *In*: CAMPOS, Maria do Carmo (Org.). *Guilhermino César: memória e horizonte*. Porto Alegre: Editora da UFRGS, 2010. p. 148.

que o procuravam e que ficavam à noite, sentados na calçada em frente à sua casa, à espera de resposta às cartas que lhe escreviam, solicitando sua opinião sobre as poesias que lhe eram enviadas. [...] A resposta era dada em papel fino, escrita a tinta nanquim e dizia: gostei, não gostei do poema, e mais isso e aquilo e coisa".[54]

Em agosto de 1925, Guilhermino César, então com 17 anos, assume o cargo de redator do jornal mensal *Mercúrio*, órgão da Associação dos Empregados no Comércio de Cataguases, que durou 17 números, até janeiro de 1927. Em diversas ocasiões, César exalta, com exagero, a importância desse periódico na divulgação da produção de seus colegas, chegando mesmo a dizer que nele publicou "poemas 'futuristas', consoante a denominação corrente, de um menino de calças curtas: Rosário Fusco"[55] – informação totalmente fantasiosa, mas corroborada pelo próprio Fusco: "Em 1923 [*sic*], Guilhermino César fundou o jornal *O Mercúrio*, órgão da Associação Comercial e que veiculou os poemas modernistas da rapaziada de então: Cristóvão [*sic*] Fonte-Bôa, Oswaldo Abritta, Martins Mendes, Francisco Inácio Peixoto e eu".[56]

Na verdade, apenas três integrantes do futuro grupo Verde expuseram trabalhos naquele jornal: Fusco, Abritta e Camilo Soares, e, deles, somente os textos de Camilo Soares, e não todos, podem ser definidos como modernistas.

Ao longo de 1926, encontramos nas páginas de *Mercúrio* três poemas de Rosário Fusco: "Olhos", na edição de 31 de agosto; "Símbolo triste", em 29 de outubro; e "Lábios",

---

[54] *Apud* ROMANELLI. *A Revista Verde: contribuição para o estudo do modernismo brasileiro*, p. 192-193.
[55] CÉSAR. Os verdes da *Verde*, [s.p.].
[56] DEPOIMENTOS sobre a "Verde". *Suplemento Literário do Minas Gerais*, Belo Horizonte, ano II, n. 19, 7 jan. 1967. p. 2.

em 16 de dezembro – versos pavorosos, inseridos na pior linha do simbolismo decadentista, pertencentes a um "livro em preparo", *Vinha de Gilead*, um título que fala por si.[57] Além disso, ele publicou dois outros textos, assinados como Souza Guerra: "Variações sobre o amor", na edição de 29 de outubro, prosa dialogada de um romantismo pueril; e, mais significativo, "Bilhete aberto ao Camilo Soares", em 15 de novembro, no qual, anunciando com simpatia a chegada em breve do livro do amigo, afirma: "Não quero me estender muito sobre gente nova dessa arte nova, não porque não a adote, mas sim por não possuir o cultivo necessário de 'autorizado' e entendido no 'métier'".[58] Fusco pensava assim a menos de um ano do lançamento da revista *Verde*, na qual se revelaria um dos mais radicais combatentes do passadismo. Já a única aparição de Oswaldo Abritta deu-se com o soneto "Gratidão", na edição de 31 de agosto de 1926, que consegue ser muitíssimo pior que a contribuição de Fusco.

Profícua, no entanto, a colaboração de Camilo Soares, toda ela também ao longo de 1926: três poemas – "Rua", em 29 de maio; "Minas", em 30 de junho; e "A morte", em 31 de agosto –, já bastante próximos dos moldes da estética modernista; dois expressivos esboços de contos, "Recordação", em 29 de maio, assinado com o anagrama

---

[57] Como exemplo, cito o poema "Lábios": "Vendo-os assim, a paixão/que em meu peito ardente espouca/dá-me a suave impressão/de que sois – rendas da boca...//Mancha vermelha que espalma/sobre os dentes brancos lírios/tendes pena de minh'alma/quando acenderem meus círios...//Lábios finos, nacarados/– esguias jarras do amor,/vós por quem sois – meus amados/orai por mim quando eu for..." (MERCÚRIO. Cataguases, n. 16, 16 dez. 1926, [s.p.]).

[58] MERCÚRIO. Cataguases, n. 15, 15 nov. 1926, [s.p.].

Soallo Camiares, e "Paisagem da vida", em 31 de agosto; uma resenha, em 30 de junho, do livro *Gritos bárbaros*, do poeta parnasiano Moacyr de Almeida; e uma crônica, "Finados", bastante convencional, em 15 de novembro. A importância do papel exercido por Camilo Soares, nem sempre destacada, foi, entretanto, reconhecida por seus pares. Fusco lembra que, "em 1924, voltou para Cataguases o poeta Henrique de Resende e voltou glorioso porque publicara, editado por Monteiro Lobato, um livro de poemas simbolistas. Camilo Soares ataca-o violentamente, como fizera antes com relação a Coelho Neto, elogiando a rebeldia estética de Graça Aranha".[59]

Depoimento quase idêntico ao de Guilhermino César:

O tema "modernismo" foi agitado no Grêmio por intermédio do ginasiano Camilo Soares de Figueiredo que, depois de atacar violentamente a literatura de Coelho Neto, fez o elogio da rebeldia estética personificada por Graça Aranha. Como em toda parte pelo país afora, estava travada ali também, naquele reduto de mocidade e inquietação, a batalha entre acadêmicos e modernistas. [...] Foi assim que teve origem a efervescência que pouco depois veio a dar na revista e no grupo "Verde", sem dúvida um dos capítulos mais significativos do modernismo brasileiro.[60]

Camilo Soares foi o primeiro do grupo a aparecer num periódico de alcance nacional. No dia 16 de outubro de 1926,

---

[59] DEPOIMENTOS sobre a "Verde". *Suplemento Literário do Minas Gerais*, Belo Horizonte, ano II, n. 19, 7 jan. 1967. p. 2.

[60] REVERBEL, Carlos. Guilhermino César e os "ases de Cataguases". *Suplemento Literário do Minas Gerais*, Belo Horizonte, ano II, n. 19, 7 jan. 1967, p. 3. Reportagem publicada originalmente na *Revista do Globo*, em 27 de julho de 1946.

ele viu estampado seu poema "Madrigal" nas páginas da revista *Para Todos*, do Rio de Janeiro, que, segundo seu fundador e diretor, Álvaro Moreyra, era "uma espécie de órgão oficioso do modernismo": "Pode-se dizer que realmente [a revista] lançou os modernos, entre o grande público".[61] Moreyra adotaria os verdes, publicando, entre 1927 e 1928, além de Camilo Soares,[62] poemas de Rosário Fusco,[63] Henrique de Resende,[64] Martins Mendes,[65] Guilhermino César,[66] Francisco Inácio Peixoto,[67] Christophoro Fonte-Bôa[68] e Oswaldo Abritta[69] – e sua mulher, a atriz Eugênia Álvaro Moreyra, incorporaria textos de alguns deles em seus célebres recitais.

"O nosso primeiro estímulo veio de Álvaro Moreyra, que publicava poemas nossos no *Para Todos* e os incluía nos recitais de poesia da época", admite Fusco.[70]

---

[61] *Apud* WEINHARDT, Marilene. A Semana de Arte Moderna e o Suplemento Literário d'*O Estado de S. Paulo*. *In*: COSTA, Marta Morais *et al*. *Estudos sobre o modernismo*. Curitiba: Edições Criar, 1982. p. 145-146.

[62] Ainda em 1926 publicou "Cinema de cidade pobre", em 23 de outubro; em 1927: "Paisagem da vida" (22 de janeiro); "Pobre patrãozinho" (26 de março) e "Tapuia" (12 de novembro), com ilustração de J. Carlos; e, em 1928: "Pedra do pombo" (7 de julho), em página inteira, e "O papão" (18 de agosto).

[63] "A vendedora de morangos" (6 de agosto de 1927); "Sala de gente pobre" (10 de setembro de 1927), página inteira com ilustração de J. Carlos; e "Maria Estradeira" e "Fazenda" (8 de dezembro de 1928), página inteira com desenhos próprios.

[64] "As vielas" (6 de agosto de 1927), "O canto da terra verde" (24 de dezembro de 1927) e "Os meus poemas sentimentais" (28 de julho de 1928).

[65] "Carta" (19 de maio de 1928) e "História sem fim" (16 de junho de 1928).

[66] "Poema pro meu poeta" (24 de novembro de 1928).

[67] "Epigrama choroso" (24 de novembro de 1928) e o poema em prosa "Ciúme" (15 de dezembro de 1928).

[68] "Agosto" (23 de junho de 1928).

[69] Três poemas em 1928: "No crepúsculo (12 de maio), "Versos a meu pai" (22 de setembro) e "Cidade adormecida" (29 de dezembro).

[70] DEPOIMENTOS sobre a "Verde". *Suplemento Literário do Minas Gerais*, Belo Horizonte, ano II, n. 19, 7 jan. 1967. p. 2.

Em abril de 1926, o irrequieto Guilhermino César assume a direção do Grêmio Literário Machado de Assis, fundado em 13 de maio de 1914, e ligado ao Ginásio Municipal. Uma de suas primeiras iniciativas foi reativar o jornal *O Estudante*, "órgão defensor da nobre classe estudiosa do país", tendo como redatores Halley Bello, Camilo Soares e Oswaldo Abritta. *O Estudante* tiraria, naquela fase, 11 números quinzenais, entre 23 de setembro de 1926 e 15 de junho de 1927, e acomodaria textos de alguns futuros membros do grupo Verde, como Camilo Soares, Henrique de Resende e Rosário Fusco, ainda bastante vinculados ao simbolismo ou "de natureza romântica"[71] – e de novo a exceção é Soares. Conta Guilhermino César que

> o grêmio literário era uma festa literária... Um era obrigado a fazer o discurso do dia, outro apresentava um tema; havia dois críticos designados com antecedência para tomar conhecimento daquilo que iam discutir na outra sessão e criticar a obra anterior [...] Nós discutíamos todos os problemas, as revistas, os jornais que liamos, os recortes, nós levávamos tudo para lá. O grêmio era nosso caldeirão literário.[72]

Francisco Inácio Peixoto, entretanto, tem uma visão bastante diferente da importância do Grêmio na constituição da revista *Verde*. Em carta datada de 11 de janeiro de 1980 a Paulo Augusto Gomes, cineasta que produziu, em 1979, o documentário *Os verdes anos*, ele afirma:

---

[71] BRANCO, Joaquim. *Passagem para a modernidade: transgressões e experimentos na poesia de Cataguases (década de 1920)*. Cataguases: Instituto Francisca de Souza Peixoto, 2002. p. 34.

[72] *Apud* ROMANELLI. *A Revista Verde: contribuição para o estudo do modernismo brasileiro*, p. 215.

o Catta-Preta [...] foi aluno do então Ginásio de Cataguases e repete uma mentirada que até alguns verdes endossaram.

Grêmio Literário Machado de Assis, onde se encontravam ao alcance de todos todas as obras completas de Machado, de Camilo Castelo Branco, de Eça de Queiroz, Proust, Flaubert, Goethe (excusez du peu...). O Grêmio tinha um ou dois (julgo mais que tivesse apenas um) armário envidraçado, com uma meia dúzia de livros [...] No Grêmio [...] havia discursos de Ant° Martins Mendes, às vezes em praça pública [...] Quem discutia literatura? Os nomeados para falar restringiam-se quase sempre a recitativos. Os mais avançados, declamavam o Augusto dos Anjos. Quem disser que a coisa passava disto, mente. Nosso professor de Português e Francês (por sinal ótimo, dentro de certos limites) [...] nos ensinou a escrever, diga-se a verdade. O teatro clássico francês nos era dado homeopaticamente, mas bem dado, e traduzíamos e tínhamos uma noção da língua bastante razoável. [...] Refero-me aos que já tinham inclinação para a coisa literária, porque o resto era uma cambada de vagabundos, interessados apenas em fazer os preparatórios. *Verde*, pois, não brotou do e nem no solo do Grêmio.[73]

Começam também a surgir as colaborações dos verdes nas páginas do jornal *Cataguases*, órgão oficial do município. Quando de sua criação, em 28 de setembro de 1905, Heitor de Souza, seu diretor, e Artur Vieira de Rezende e Silva, seu gerente, conclamaram os maiores escritores mineiros a enviar trabalhos para a página literária do semanário, tendo sido, no entanto, ignorados. Diante do desinteresse,

---

[73] *Apud* ALMEIDA, Mariana Cândida Garcia Cardoso de. *A hora e a vez de Francisco Inácio Peixoto*. 2004. Dissertação (Mestrado em Letras) – Centro de Ensino Superior, Juiz de Fora, 2004. p. 114.

foram obrigados a alimentar a programação literária com transcrições de parnasianos brasileiros e portugueses, e, no que concerne às colaborações originais, tiveram de se contentar com a produção local, como a dos majores Rebeldino Batista e João James Zig-Zag. Esse espaço acabou por se firmar, transformando-se num importante canal para as manifestações dos membros do grupo Verde. No dia 20 de março de 1927, o jornal reproduz o longo poema de Ascânio Lopes "Cataguases", originalmente publicado por Carlos Drummond de Andrade no *Diário de Minas* do dia 6 de março, com apresentação não assinada de Emílio Moura, que afirma tratar-se de "documento vivo que é de uma fina sensibilidade e de uma ágil inteligência".[74] Em 7 de agosto de 1927 é inaugurada a Coluna dos Novos – "a redação do *Cataguases* tem o prazer de dar aos seus leitores a presente coluna, que será ocupada por distintos e jovens intelectuais. / São modernos. Está feita a apresentação"[75] –, que, durante até 31 de março de 1929, acolhe poemas, resenhas e textos críticos de Fonte-Bôa, Martins Mendes, Rosário Fusco, Guilhermino César, Ascânio Lopes e Francisco Inácio Peixoto.[76]

Ainda antes do lançamento da revista *Verde*, João Luís de Almeida fundou um "membro da imprensa nanica", *O Eco*, mas, como afirma Guilhermino César, o que ele queria era "fazer um jornal para brincar com as moças, fazer sonetinho paras as moças, para as namoradas, aquela coisa

---

[74] CATAGUASES. Cataguases, 20 mar. 1927, p. 2.
[75] CATAGUASES. Cataguases, 7 ago 1927, p. 2.
[76] Ver SANT'ANNA, Rivânia Maria Trotta. *O movimento modernista Verde, de Cataguases – MG: 1927-1929*. Cataguases: Fundação Francisca de Souza Peixoto, 2008. p. 145-148, 238-258.

toda. O jornal era muito ruim [...] mas ruim mesmo".[77]
E a superficialidade lírica de Almeida pode ser comprovada nos dois poemas que penso serem dele, publicados no *Mercúrio* sob as iniciais J. L. – "Sonetilho", em 27 de fevereiro de 1926, e "Desamor", em 30 de junho de 1926, com dedicatória "Para o Camilinho", que presumo seja Camilo Soares, e que termina assim: "Que importa da mulher bonita o seu amor,/Se uma já trouxe em meu peito horrível paixão,/Trazendo-me assim grande experiência de dor.//Co'as namoradas o prazer de gran porfia,/Ou seus beijos que pelo ar súbitos se vão,/Se neste mundo só posso amar a poesia?!".

E, então, por fim, M. Sylveira e Lélio (Rosário Fusco) publicam, em 28 de agosto de 1927, o número único de *Jazz Band*, "quinzenário moderno e mundano", que não era nem moderno nem mundano, germe da revista *Verde*, como está consignado no "Manifesto Verde": "O nosso movimento VERDE nasceu de um simples jornaleco da terra – JAZZ BAND".

---

[77] *Apud* ROMANELLI. *A Revista Verde: contribuição para o estudo do modernismo brasileiro*, p. 220.

O CINEMA E A LITERATURA

Em 1925, enquanto em Belo Horizonte estava sendo lançada *A Revista*, tendo à frente Carlos Drummond de Andrade, João Alphonsus e Emílio Moura, em Cataguases Humberto Mauro dava os primeiros passos no cinema, com a filmagem, junto a Pedro Comello, de *Valadião, o Cratera*, curta-metragem de cinco minutos, "para assustar meninos e adolescentes". Comello, imigrante italiano vindo do Egito, possuía um ateliê de fotografia e era frequentador assíduo do Cine-Teatro Recreio, assim como Mauro, que, tendo abandonado ainda no primeiro ano o curso de Engenharia Civil em Belo Horizonte, formara-se em Eletrônica, por correspondência. A verdadeira paixão de Mauro, segundo Paulo Emílio Salles Gomes, eram as máquinas: "No início, foi o lado mecânico do cinema que o atraiu. Não quero dizer assim que ele fosse desprovido de sensibilidade, mas o seu gosto artístico era bastante convencional, apesar da vivacidade de sua indiscutível inteligência".[78]

Certos de que já possuíam conhecimento suficiente para produzir um longa-metragem em Cataguases, Mauro

---

[78] *Apud* BARROS, José Tavares de. O cinema. *In*: ÁVILA, Affonso (Org.). *O modernismo*. São Paulo: Perspectiva; Secretaria de Cultura, Ciência e Tecnologia de São Paulo, 1975. p. 159.

e Comello convenceram Homero Cortes Domingues e Agenor Cortes de Barros, ricos comerciantes da cidade, a se associarem a eles, fundando a Phebo Sul América Film, transformada, em 1927, em Phebo Brasil Film. Em 1926, a produtora exibe ao público *Na primavera da vida*, filme que inaugura o chamado "Ciclo de Cataguases". No Rio de Janeiro, Ademar Gonzaga, que viria a se tornar amigo e maior propagandista de Mauro, publica nota na revista *Para Todos* anunciando o empreendimento – "achava-se lá, escondida em Cataguases, sem nós, os grandes admiradores do cinema brasileiro, sabermos de coisa alguma"[79] – e prometendo divulgar fotografia de Eva Nil, a estrela do filme, o que fez alguns números depois, em página inteira.[80] *Tesouro perdido*, segundo longa-metragem de Mauro, conquista o Medalhão Cinearte, destinado ao melhor filme brasileiro de 1927 – um dos concorrentes era *Senhorita agora mesmo*, do ex-parceiro, Pedro Comello. Depois viriam *Brasa dormida*, em 1928, e *Sangue mineiro*, em 1930, que fecham o ciclo. Nesse mesmo ano, Mauro vai para o Rio de Janeiro, onde desenvolve a carreira, produzindo mais um rol de grandes filmes, como *Lábios sem beijos*, *Ganga bruta*, *Favela dos meus amores* etc.

Ou seja, o cinema de Mauro e a literatura do grupo Verde conviveram na mesma época em Cataguases. Embora Paulo Emílio Salles Gomes insista em afirmar que em "nenhum momento veremos qualquer entrelaçamento entre as preocupações cinematográficas e literárias da cidade",[81] há

---

[79] PARA TODOS. Rio de Janeiro, n. 375, 20 fev. 1926, p. 45.

[80] PARA TODOS. Rio de Janeiro, n. 392, 19 jun. 1926, p. 47.

[81] GOMES, Paulo Emílio Salles. *Humberto Mauro, Cataguases, Cinearte*. São Paulo: Perspectiva; Edusp, 1974. p. 172.

evidências das relações pessoais entre Mauro e os membros da *Verde*. Henrique de Resende, "grande amigo" de Mauro, fez os letreiros de *Na primavera da vida* e foi o orador oficial na cerimônia de entrega do Medalhão Cinearte por *Tesouro perdido*, filme no qual Rosário Fusco, que acompanhara Mauro na montagem do primeiro rádio da região, e a quem sempre estivera "muito ligado", aparece numa cena. Mauro comenta mesmo que foi amigo dos "rapazes da *Verde*": "o pessoal da *Verde* levava tão a sério [a aventura do cinematógrafo], que visitaram várias vezes os estúdios da Phebo".[82] Há, inclusive, uma fotografia, datada de 1928, na qual aparecem Guilhermino César, Renato Gama, Martins Mendes, Henrique de Resende, Rosário Fusco e Francisco Inácio Peixoto, além do próprio Mauro, nos estúdios da Phebo, durante as filmagens de *Sangue mineiro*. E, em pelo menos três oportunidades, encontramos comentários sobre o cinema de Mauro na revista *Verde*: no número 1, página 31, artigo de Rosário Fusco sobre *Tesouro perdido*, "uma película maravilhosa"; no número 5, página 4 do suplemento, artigo de J. Martins, "Cataguases, o cinema, a Phebo, a lei dos menores, etc"; e no número 1, segunda fase, página 24, em nota não assinada, que anuncia "os preparativos para a filmagem de *Sangue Novo*" – que seria finalizado com o título de *Sangue mineiro*.

Não era assim, portanto, tão grande a distância que separava o cinema e a literatura cataguasenses. Se não houve fusão de interesses, o problema é outro. Paulo Emílio Salles Gomes afirma que, embora tenha conhecido Humberto Mauro pessoalmente em 1940, não deu ao fato maior

---

[82] WERNECK, Ronaldo. Hipocampelefantocamelo. *In*: *Kiryrí rendáua toribóca opé: Humberto Mauro revisto por Ronaldo Werneck*, p. 216.

importância, "pois naquele tempo – para minha vergonha – o cinema brasileiro, presente ou passado, não me interessava",[83] atitude bastante comum, pois, como argumenta Alex Vianny, "pouquíssimos eram os homens de cultura que reconheciam qualquer valor artístico e/ou educativo no cinema".[84] Esse preconceito é explicado por Guilhermino César:

> Quem nos revelou seus méritos [de Humberto Mauro] foram as revistas e jornais do Rio de Janeiro. Residimos ali mesmo, ao seu lado, uma porção de tempo, mas não chegamos a ajudá-lo em sua atividade desbravadora. A arte de Mauro era destinada às multidões; a nossa, uma elucubração solitária, reservava-se a poucos e duvidosos receptores. [...] Nós começávamos a nossa luta com a palavra [...] e a sarabanda verbal nos endoidecia de amor por ela. Um amor bem amorudo, excludente de qualquer infidelidade. Ao passo que Mauro, vidrado pela imagem visual, não queria saber de outra paixão.[85]

Havia, certamente, um descompasso entre Mauro e os integrantes do grupo Verde. Trabalhando com um signo de comunicação inteiramente novo, destinado ao gosto das massas, o cinema era relegado pelos literatos como apenas um veículo de divertimento. Os rapazes da *Verde* procuravam subverter um código antiquíssimo, o linguístico, o que tornava a ruptura extremamente traumática. Recém-criado, o cinema podia até suscitar alguma desconfiança inicial,

---

[83] GOMES. *Humberto Mauro, Cataguases, Cinearte*, p. 1.
[84] VIANNY. *Humberto Mauro. Sua vida / sua arte / sua trajetória no cinema*, p. 25.
[85] CÉSAR. Os verdes da *Verde*, [s.p.].

mas vencia as resistências com certa facilidade, pois lidava com a lógica capitalista, que exigia investimento e possibilitava retorno financeiro, oferecendo entretenimento aparentemente inofensivo. Já o grupo Verde lutava, em última instância, contra o poder instituído, contra o tradicionalismo. Mauro adaptava recursos técnicos estrangeiros para apreender a paisagem brasileira: seu nacionalismo latente não era ainda político, não havia subversão, pois era ele próprio quem estava instaurando a ordem da linguagem cinematográfica brasileira. Os membros do grupo Verde tinham plena noção de que combatiam a política literária estabelecida – o parnasianismo, a eloquência ruibarboseana e alguns resquícios do pior romantismo. Então, nada mais normal que o grupo Verde encarasse o cinema de Mauro como coisa distante, e que Mauro, por seu turno, não se mostrasse entusiasmado com a literatura modernista, mesmo porque, como já ficou ressaltado, seu gosto estético para coisas não ligadas ao cinema era bastante conservador.

Só para ilustrar, vejamos como o cinema e a literatura foram recebidos nas páginas do jornal *Cataguases*, órgão oficial do município. Nele, encontramos várias notícias, bastante entusiasmadas, a respeito do aparecimento da Phebo Brasil Film. A título de exemplo, transcrevemos um artigo, não assinado, mas presumivelmente do redator-chefe, L. Soares dos Santos:

> Agenor Cortes de Barros, Homero Cortes Domingues e Humberto Mauro estão hoje de parabéns pelo belíssimo sucesso que acabam de obter para a sua magnífica empresa! É que há tempos esse trio áureo sonhou em fazer cinema nacional, e, de parceria com Pedro Comello, formaram uma modesta sociedade de Capital e Indústria, a

"Phebo Sul América Film", que imediatamente deu início à produção de filmes, apresentando-nos, depois de alguns meses de trabalho, durante os quais tiveram de vencer mil dificuldades, a sua primeira película *Na Primavera da Vida*, que, sendo um ensaio da dita empresa cinematográfica, ficou bastante regular e nos deu a convicção de que a novel sociedade estava apta a produzir coisas muitíssimo melhores para o futuro, visto ter-se saído galhardamente com o seu primeiro trabalho. Vencida a primeira e mais difícil etapa da vida de uma empresa iniciante, os componentes da Phebo não dormiram sobre os louros da vitória e eis que passados alguns meses nos surpreenderam com mais uma extraordinária película, o *Tesouro Perdido*, que foi julgado pela unanimidade da crítica da nossa imprensa como "a melhor película brasileira" até então aparecida.[86]

Esse entusiasmo é substituído por uma recepção cautelosa e dúbia, quando se relaciona com a literatura produzida pelo grupo Verde – afinal, "não convinha desaprovar: os autores da proeza eram bons moços, pertenciam a famílias conhecidas".[87]

Em texto intitulado "Maravilhas", publicado antes ainda do lançamento da revista, J. M. assinala:

Estes dias, continuadamente tenho escutado um zunzum de moscas distintas, todos a pregar ideias novas nos arraiais das letras.

Querem, porque querem a renovação dos nossos processos de escrever e versejar.

---

[86] CATAGUASES. Cataguases, 20 nov. 1927, p. 2.
[87] CÉSAR. Os verdes da *Verde*, [s.p.].

Cada doido com a sua mania, conjecturei. Entretanto pensando melhor, concluí que os moços têm razão. Eles não são doidos, são bons cristãos, que possuem ideias e se esforçam por praticá-las.

Mais nada. Uniram-se em frente única e estão dispostos a iniciar um movimento moderno de arte e de literatura em nossa terra.

Quando se fala em modernismo há muita gente que fica pensando ainda em futurismo, dadaísmo, cubismo e uma porção de cousas em ismo. Quer me parecer que a questão é mais simples. [...]

Os modernos querem processos novos, porque os antigos não são mais compatíveis com a vida de hoje.

Está certo. Aposentem-se as quinquilharias de antanho, para haver lugar a tudo a que for de acordo com a vida hodierna.

E, portanto, muito natural, o movimento dos nossos moços, que vibram com toda alma nova de nacionalidade.

Também e certo que, entre muitos destes novos iconoclastas construtores, há os que se excedem. Estes são os desvairados. Produtos patológicos da luta do individualismo com o meio em que vivem, os desvairados têm concorrido bastante para o descrédito do modernismo, no seu modo de entender.

Os modernos daqui, graças a Deus, estão isentos destes maus companheiros.[88]

Logo após o aparecimento da revista, o jornal publica artigo assinado por Conselheiro B. B.: "Li e reli a

---

[88] CATAGUASES. Cataguases, 31 jul. 1927, p. 2.

interessante revista. Por mais, porém, que concentrasse as forças no quadro da minha acanhada inteligência, nada compreendi. Estou, entretanto, plenamente convencido que se não a compreendi não foi pela estreiteza de suas ideias e sim pela falta de largueza de minha inteligência".[89] Duas semanas depois, em outro artigo, não assinado, carregado de ironia: "O trabalho dos novos deve ser sempre bem recebido pelos velhos, porque, para compensar os muitos senões oriundos da falta de um senso amadurecido pela experiência, eles têm a seu favor a sinceridade espontânea com que orientam os seus atos e isto os absolve das pequenas culpas veniais".[90]

E, mais à frente, L. Soares dos Santos, redator-chefe do jornal, o mesmo que saudou com simpatia a empresa cinematográfica de Mauro, afirma, em editorial intitulado "Os tempos vão mal":

A materialidade invadiu todas as esferas, o culto da arte desapareceu; a música, enlevo da alma, foi substituída pelo jazz nevrótico, a pintura, a poesia, a escultura, estão sendo relegadas para o terreno do passadismo, ao contato do camartelo irreverente e destruidor de uma pseudo Arte Nova (com maiúsculas), que ninguém entende na sua confusão penumbrista, e a qual se vai apelidando de futurismo.[91]

Enfim, independentemente de como se davam as relações entre o cinema de Mauro e a literatura do grupo Verde, é inegável que havia pelo menos um ponto comum: ambas

---

[89] CATAGUASES. Cataguases, 9 out. 1927, p. 2.
[90] CATAGUASES. Cataguases, 23 out. 1927, p. 2.
[91] CATAGUASES. Cataguases, 20 nov. 1927, p. 1.

as manifestações artísticas ancoravam-se no nacionalismo. José Tavares de Barros argumenta que

> ao inspirar-se rigidamente nos filmes de Griffith ou nos da escola americana, Mauro não foi nem poderia ter sido um modernista, dentro do âmbito em que entendemos o movimento da Semana de 22. Foi modernista, sim, no sentido de ter sido dos poucos pioneiros que libertaram o cinema nacional dos vínculos com a tradição teatralizante europeia, principalmente francesa; foi modernista por ter acreditado num instrumento e numa linguagem na qual os modernistas verdadeiros, muitas vezes, iriam buscar inspiração.[92]

Assim, para além da visão nacionalista instaurada por Humberto Mauro e seu cinema, temos que a produção de filmes trouxe uma nova dinâmica à cidade. A Phebo contratava atores e técnicos de fora, os jornais e as revistas faziam referências elogiosas a Cataguases como a Hollywood brasileira, caravanas de artistas, jornalistas e curiosos desembarcavam na cidade para conhecer de perto a indústria cinematográfica, então nascente no país, havia debates após as sessões; tudo isso demonstra que, ainda que indiretamente, a proposta do cinema nacional preconizada por Humberto Mauro veio a influenciar decisivamente o grupo que iria editar a revista *Verde*. Se isso não ocorreu no nível formal – também porque nem o próprio Mauro possuía ainda uma proposta formal de cinema –, pelo menos no nível das ideias houve um entrelaçamento.

O nacionalismo de Mauro, que não desprezava longas tomadas de paisagens que o circundavam e que levava para

---

[92] BARROS. O cinema, p. 159.

o primeiro plano o sentimento brasileiro, foi, coincidentemente ou não, uma das principais plataformas pregadas pelos membros da *Verde*. É justo pensarmos em influência de Mauro na formação de uma cosmovisão dos novos escritores. Além disso, há, inegavelmente, a interferência do clima instaurado na época em Cataguases – os técnicos e artistas vindos do Rio de Janeiro traziam informações valiosas do que estava ocorrendo, em termos de mudanças, nos grandes centros – e certa boa vontade da pequena burguesia local em financiar novidades que pudessem constituir rendimentos futuros, fossem eles em forma de capital financeiro, fossem em forma de prestígio social. Foi em meio a esse rebuliço que nasceu a revista *Verde*.

O SURGIMENTO DA *VERDE*

Na época em que *Verde* começou a circular, setembro de 1927, havia apenas um outro veículo de divulgação de literatura modernista em atividade no Brasil, a modesta *Electrica*, publicada no sul de Minas Gerais – embora o primeiro número de *Festa* esteja datado de 1º de agosto de 1927, ela só começou a circular em outubro.[93] Daí o entusiasmo com que Mário de Andrade saudou o aparecimento da revista de Cataguases: "Há nesses mineiros uma consciência de disciplina que há de ter um valor social importante se eles, espicaçados pelas críticas diletantes e pelas rivalidades não caírem naquele individualismo desbragado e no mandachuvismo pedante que destruiu dos movimentos modernos de S. Paulo e Rio a bonita função social que podíamos ter".[94]

Fundada em maio de 1927, em Itanhandu, *Electrica: Revista Moderna e Ilustrada do Sul de Minas*[95] deveu sua existência

---

[93] Plínio Doyle explica: "nas três coleções que consultamos, de Andrade Muricy, de Murilo Araújo, e a nossa, há um carimbo, inutilizando a indicação do mês [de agosto] para outubro; houve certamente atraso na impressão, e daí a utilização do carimbo para atualizar a distribuição desse primeiro número, pois o segundo já indica – novembro" (*História de revistas e jornais literários*, v. I. p. 99).

[94] ANDRADE, Mário de. Livros e livrinhos. *Diário Nacional*, São Paulo, 25 out. 1927, p. 2.

[95] Ver LOPES, Hélio. Uma revista do modernismo. *O Estado de S. Paulo*, São Paulo, 7 out. 1979. Suplemento Cultural; WERNECK, Humberto.

quase que exclusivamente ao poeta Heitor Alves, que, tuberculoso, deixou o Rio de Janeiro para se tratar naquela cidade, onde se tornou professor no Ginásio Sul-Mineiro. Alves contou com o incentivo de Ribeiro Couto, na época promotor de justiça na vizinha Pouso Alto, e com o auxílio de Heli Menegale, responsável pelo acompanhamento da impressão da revista em Passa Quatro, onde morava. *Electrica* teve nove edições no total[96] e nela colaboraram, entre outros, Carlos Drummond de Andrade, Pedro Nava, Murilo Araújo e Tasso da Silveira, este, um dos diretores de *Festa*, a quem Alves era ligado.

Já *Festa*[97] surge em outubro de 1927, como consolidação de um programa doutrinário que vinha se articulando desde o final da década de 1910 – o que fica evidente, inclusive, pela persistência da inscrição "arte e pensamento" que acompanha as revistas publicadas anteriormente pelo mesmo grupo, liderado por Tasso da Silveira e Andrade Muricy: *Árvore Nova*, *América Latina* e *Terra do Sol*. Esse projeto, do ponto de vista literário, promovia um desdobramento da estética simbolista, e, do ponto de vista ideológico, aglutinava o pensamento católico conservador reunido em torno de Alceu Amoroso Lima (Tristão de Athayde).

O desatino da rapaziada: jornalistas e escritores em Minas Gerais. São Paulo: Companhia das Letras; Instituto Moreira Salles, 1998. p. 75-77.

[96] Seis números mensalmente entre maio e outubro e um número duplo em novembro-dezembro de 1927, outro número duplo, em janeiro-fevereiro de 1928, e um último em maio do mesmo ano.

[97] Em sua primeira fase, *Festa* teve 13 números: três em agosto, novembro e dezembro de 1927; nove, mensalmente, entre janeiro e setembro de 1928; e um último, em janeiro de 1929. Na segunda fase, foram nove números: quatro publicados mensalmente entre julho e outubro de 1934, dois em dezembro de 1934 e janeiro de 1935, e outros três, trimestralmente, em março, maio e agosto de 1935.

Assim, naquele momento, os modernistas mais radicais – ou seja, os ligados ao grupo inicial que promoveu a Semana de Arte Moderna de 1922 – careciam de um veículo onde pudessem escoar suas produções. *Terra Roxa e Outras Terras*, um quinzenário de periodicidade incerta, tirou sete números entre 20 de janeiro e 17 de setembro de 1926, enquanto a *Revista de Antropofagia* só seria lançada em maio de 1928 – *Terra Roxa e Outras Terras*, segundo Cecília de Lara, "canaliza os veios anteriores e contemporâneos do modernismo e lhes dará impulso para o próximo passo, logo mais, na 1ª. fase da *Revista de Antropofagia*".[98] Exatamente nesse intervalo, entre o fim de *Terra Roxa e Outras Terras* e o início da *Revista de Antropofagia*, é que surge *Verde*, que teve publicados quatro números mensalmente entre setembro e dezembro de 1927, um datado de janeiro de 1928, mas lançado apenas em junho, e uma última edição, especial, em maio de 1929, integralmente dedicada à memória de Ascânio Lopes, morto em janeiro daquele ano.

A vantagem da revista de Cataguases sobre as concorrentes – a diversidade da linha editorial contra o sectarismo de *Festa*; a aspiração à universalidade contra o provincianismo de *Electrica* –, aliada ao apoio irrestrito de Alcântara Machado e Mário de Andrade, desde a primeira hora, surtiu um efeito inesperado, até mesmo para seus idealizadores, que, partindo de certa despretensão, acabaram por ver o projeto tomar proporções tais que Cataguases tornou-se referência obrigatória, divulgando, em sua curta existência,

---

[98] LARA, Cecília de. Terra Roxa... e outras terras: um periódico Pau Brasil. *In*: TERRA *Roxa e Outras Terras*. São Paulo: Secretaria de Cultura, Ciência e Tecnologia do Estado de São Paulo; Livraria Martins Editora, 1977. p. X. Edição fac-similar.

o que havia de melhor em termos de produção literária,[99] e transformando-se, indubitavelmente, num dos fenômenos mais interessantes do modernismo brasileiro, conforme Luciana Stegagno-Picchio.[100]

Os rapazes da *Verde*, aliás, fizeram questão de demonstrar de que lado estavam no embate por espaço naqueles anos de consolidação do modernismo, cerrando fileiras com os paulistas contra os cariocas e seus seguidores. Sobre a revista *Electrica*, desdenhada como "órgão de propaganda das lâmpadas Osram-Mazda", Francisco Inácio Peixoto assim se pronuncia: "Revista do sul de Minas. Cheia de infantilidades. E de muitos reclames. Na maior parte deles mal feitos. [...] No meio dos reclames se encontram algumas poesias. [...] O serviço tipográfico de *Electrica* obriga o leitor a dar cambalhotas".[101] O alvo da crítica, na verdade, era *Festa*, à qual *Electrica*, de alguma maneira, filiava-se.

Ascânio Lopes, em geral comedido, ironiza *Festa*, afirmando que "o melhor da revista é o título que ocupa uma página inteirinha, livrando-nos de muita prosa cacete do sr. Andrade Muricy",[102] enquanto Rosário Fusco, em texto assinado apenas pela inicial F.,[103] segue no mesmo tom:

---

[99] Paulo Emílio Salles Gomes argumenta: "a repercussão de *Verde* se explica pelo fato da publicação cataguasense ter se transformado em dado momento no ponto de confluência do modernismo brasileiro já praticamente triunfante" (GOMES, Paulo Emílio Salles. Para um estudo sobre "Os azes de Cataguazes". *Língua e Literatura*, São Paulo: Faculdade de Filosofia, Letras e Ciências Humanas da Universidade de São Paulo, n. 4, 1975. Separata, p. 464).

[100] STEGAGNO-PICCIO, Luciana. *História da literatura brasileira*. Rio de Janeiro: Nova Aguilar, 1997. p. 478.

[101] VERDE. Cataguases, n. 5, jan. 1928, p. 26.

[102] VERDE. Cataguases, n. 3, nov. 1927, p. 26.

[103] Embora Plínio Doyle identifique a inicial F. como Francisco Inácio Peixoto (*História de revistas e jornais literários*, v. I. p. 128), o próprio Peixoto

"Noto [...] nos escrevinhadores da revista aquela preocupação velhíssima de mostrar que já leram muitos senhores de nomes encrencados. A eterna mania de arrotar cultura, com citações paulificantes de sujeitos mais paulificantes ainda".[104]

Em resposta, Tasso da Silveira escreve um longo texto, "A enxurrada", que ocupa duas páginas inteiras e mais duas meias páginas da revista *Festa*, em que, usando estilo professoral, e sem citar uma única vez a *Verde* ou qualquer de seus membros, desanca com o que chama de "mediocridade aborígene", que, depois da "grande onda de alegria criadora que nos dominou e fecundou", veio atrás com "uma enxurrada de bestice". Segundo ele, os "4529 meninos a dizerem bobices", em vez de meditar um pouco, para se habituar "a distinguir melhor os valores, de maneira a não cair na esparrela das blagues ignóbeis", querem "escrever 'apenasmente'. Botar o nomezinho por baixo... [...] De qualquer bestidadezinha que saia impressa nas páginas das revistas que vocês mesmos fundam para tal fim".[105]

Francisco Inácio Peixoto assume, em nome da *Verde*, a tarefa de contraditar Silveira:

Desejo [...] incutir nas subterrâneas galerias do seu espírito de crítico jovem uma ideia, sumamente perfunctória, acerca da enxurrada de bestices empoladinhas que você, talvez sob a ação de influxos deletérios, condensou nas colunas do seu artigo [...]. Não se pode negar que, se você escreveu esse

---

afirma que se trata de um equívoco e que os textos assinados como F. são de autoria de Rosário Fusco (ROMANELLI. *A Revista Verde: contribuição para o estudo do modernismo brasileiro*, p. 207).

[104] VERDE. Cataguases, n. 4, dez. 1927, p. 25.

[105] FESTA. Rio de Janeiro, n. 4, jan. 1928, p. 4-7.

artigo, foi para se colocar em evidência, chamando para si a atenção dos outros, e para passar também um baratíssimo elogio na gente da sua turma, na sua *panelinha literária*.

No artigo, Peixoto segue chamando Tasso da Silveira de "tolamente convencido", de possuir um "pedantismo bocó", para concluir: "Terminarei agora, meu insigne crítico jovem. De você nada direi. Basta que eu fale somente isso: você é o T da FESTA. Procure no dicionário e veja quantas palavras bonitinhas começam por essa letra. Por exemplo: tolo, trouxa, tabaréu, edicétera".[106]

Interessante observar que, embora Guilhermino César e Ascânio Lopes morassem em Belo Horizonte e tivessem contato com a chamada "Turma do Café Estrela",[107] o grupo da revista *Verde* não se vinculou, como talvez fosse natural, a *A Revista*.[108] Na verdade, Rosário Fusco lamenta, com certa animosidade, que "Belo Horizonte nunca participou da nossa patota",[109] sentimento compartilhado

---

[106] PEIXOTO, Francisco Inácio. Mestre Tasso, otimista impenitente. *Verde*, Cataguases, n. 5, jan. 1928, p. 18.

[107] Guilhermino César recorda: "Ainda peguei um restinho da chamada 'Turma do Café Estrela', em Belo Horizonte. Ele [Carlos Drummond de Andrade], o Pedro Nava, o [Gustavo] Capanema, o Emílio [Moura]. O Emílio então ficou amicíssimo meu, amigo da vida toda. O João Alfonso [*sic*] também, amigo da vida toda [...] E o Ascânio [Lopes], que tinha me precedido em Belo Horizonte, fez uma ligação com o grupo de Drummond e daí você encontrar já na revista *Verde* a colaboração do Drummond e daquela gente toda. O Peixoto fez ligações no Rio, mas o Rio foi mais hostil, porque o Rio tinha *Festa*, tinha o *Movimento Brasileiro* de Graça [Aranha] e Renato Almeida. E o Rio era o Rio não dava bola para Cataguases e nunca deu" (*apud* ROMANELLI. *A Revista Verde: contribuição para o estudo do modernismo brasileiro*, p. 214).

[108] *A Revista* teve três números mensais, em julho e agosto de 1925 e janeiro de 1926.

[109] FUSCO, Rosário. Verde porque tudo era verde. *O Lince*, Juiz de Fora, ano 64, n. 1499, maio 1975, p. 2.

por Henrique de Resende, em um balanço do movimento cataguasense publicado em *O Jornal*: "Em Cataguases funda-se *Verde*. Todo o Brasil moço comparece. [...] Com a dolorosa exceção de Minas. Digo exceção porque esperávamos muito mais da contribuição mineira. A indiferença foi de pasmar. A não ser Belo Horizonte, assim mesmo com um frio ceticismo, e um ou outro elemento disperso no Estado, ninguém mais respondeu ao nosso apelo".[110]

Mais de 20 anos depois, Drummond comentaria a observação de Henrique de Resende[111]: "Se ceticismo houve, deve ser atribuído à nossa experiência no ramo. Éramos um pouquinho menos moços dos que os 'ases de Cataguases' [...] e talvez afetássemos certa circunspeção diante daqueles 'brotos' um tanto agitados. A verdade é que a *Verde* não foi galho do nosso arbusto, como também nada lhe devemos".[112]

Em 1927, o ímpeto febril de Rosário Fusco esparrama correspondência para todos os cantos do Brasil: "Se não fosse o Fusco, não haveria a *Verde*. Nós éramos todos vagabundos, mas fantasiados de estudantes. E ele nem isso era. Era vagabundo mesmo. Ele escrevia pra todo mundo, descobria endereços", lembra Francisco Inácio Peixoto.[113] Voluntarioso, Fusco lança o jornal *Jazz Band*,[114] em 28 de agosto, e pensa em organizar uma

---

[110] REZENDE, Henrique de. Notas de Cataguases. Ideias falsas. *O Jornal*, Rio de Janeiro, 7 abr. 1929. Segunda Seção, p. 2.

[111] Na verdade, Drummond já havia respondido a Henrique de Resende, de forma irônica, mas não contundente, em artigo intitulado "Contribuindo" (*O Jornal*, Rio de Janeiro, 5 maio 1929. Segunda Seção, p. 4).

[112] ANDRADE, Carlos Drummond de. Aqueles rapazes de Belo Horizonte II. *Correio da Manhã*, Rio de Janeiro, 12 jul. 1952. 2º Caderno, p. 2.

[113] PEIXOTO. Vivo em Cataguases, fora de Cataguases, [s.p.].

[114] O jornal, de quatro páginas, todo feito por Rosário Fusco, usando vários

réplica da Semana de Arte Moderna em Cataguases, tendo sido dissuadido por Henrique de Resende, que lhe convence de que "para facilitar os contatos torna-se necessário uma publicação bem-feita e não um jornalzinho". "Fusco põe-se em ação e abandona a ideia de uma exposição de caricatura ligada a um festival poético e musical, uma espécie de Semana de arte moderna local, destinada a chocar a burguesia cataguasense. Escreve para vários lados, arranja anúncios ajudado pelo respeitável Martins Mendes, pressiona Henrique [de Resende] que acaba entrando com o dinheiro".[115] Assim, conforme Fusco, "em lugar [...] de ligarmo-nos ao grupo do Rio ou de Belo Horizonte, ligamo-nos ao grupo de São Paulo: Mário de Andrade, Paulo Prado e Oswald de Andrade, que deram todo o apoio à nossa ideia de fundar uma revista, dentro dos moldes do modernismo".[116]

Precedido por uma "soirée artística", denominada "Hora moderna", ocorrida no dia 7 de setembro de 1927, quando Cataguases completava exatos 50 anos de emancipação político-administrativa, organizada por Henrique de Resende nos salões do Comercial Clube, sai no fim daquele mês o primeiro número de *Verde*, com tiragem de

---

pseudônimos, era uma confusa mistura de resquícios de simbolismo, versos de circunstância e vanguardismo oswaldiano. Trazia, na capa, quatro poemas, assinados por Lélio; na contracapa, o conto "História sentimental de João Grilo", assinado por J. Lage; e, no miolo, crônica intitulada "O homem", assinada por Juracy Jussara, e poemas decadentistas, "Prelúdios de Rosário Fusco". Ver MENEZES. *Amizade "carteadeira": o diálogo epistolar de Mário de Andrade com o Grupo Verde de Cataguases*, p. 231.

[115] GOMES. Para um estudo sobre "Os azes de Cataguazes", p. 463-464.

[116] DEPOIMENTOS sobre a "Verde". *Suplemento Literário do Minas Gerais*, Belo Horizonte, ano II, n. 19, 7 jan. 1967. p. 2.

500 exemplares. Henrique de Resende conta como surgiu a publicação:

> Foi em maio deste ano [1927] que conheci Rosário Fusco e, logo em seguida, todos aqueles que hoje fazem parte do grupo verde. Autor, que sou, de um livro de poemas (Turris Eburnea, M. Lobato & Comp. 1923 – edição esquecida) entendeu Rosário de mandar-me, porisso [*sic*], alguns versos seus, acompanhados de uma carta interessantíssima.

> Saí imediatamente à procura do poeta pelas poucas ruas da cidade pequenina, a perguntar a uns e outros onde era a sua casa, onde trabalhava, etc. Não trabalhava nem tinha casa. Mesmo assim, com pouco sacrifício, topamos logo. Depois desse dia vieram outras cartas de Rosário e outros poetas. Resultado: em Junho, éramos nove, dos quais oito escritores e o pianista Renato Gama.

> Foi um pasmo.

> Rosário levantou a ideia do *Jazz Band*, jornaleco safado e inelegível. Propus então uma revista. Quatorze dias depois saía o primeiro número da *Verde*. Saiu porque não pensamos na responsabilidade. Nem programa. Nem dinheiro. Nem colaboração. Nem nada. Juntamos umas coisas e mandamos imprimir. Colaboração, dinheiro, programa e responsabilidade viriam depois.

> Boas notícias. De jornais que não esperávamos. Resolvemos então pedir a colaboração, mas na quase certeza de que tudo ia ser negado. Pois quê! Colaborar, gente grossa de S. Paulo, Rio, Belo Horizonte e Juiz de Fora, numa revista de Cataguases, cafundó dos diabos?

> Mas, com surpresa nossa, vieram vindo as comidas. [...]

> Alguns críticos, o que ainda mais nos embaraçou, consideraram *Verde* a melhor revista literária moderna no Brasil,

pelo fato de haver congregado num só grupo todos os grupos modernistas de valor do país.[117]

O núcleo original da *Verde* incluía, além de Henrique de Resende e Rosário Fusco, Ascânio Lopes, Francisco Inácio Peixoto, Guilhermino César, Antônio Martins Mendes, Camilo Soares, Oswaldo Abritta e Christophoro Fonte-Bôa. Na época do lançamento da revista, no entanto, já não moravam em Cataguases Ascânio Lopes e Guilhermino César, estudando em Belo Horizonte, e Francisco Inácio Peixoto, no Rio de Janeiro. A publicação, inclusive, pegou de surpresa alguns dos próprios membros do grupo. Em carta a Francisco Inácio Peixoto, datada de 2 de setembro de 1927, Guilhermino César reclama: "O Fusco me pediu um conto. Mais ninguém. Assim mesmo, numa carta cujo motivo era outro. Achei que ele me pediu para dar satisfação. Não disse quais os companheiros dele, qual o diretor, nada!".[118] O próprio Peixoto se mostra desconcertado, em carta dirigida a Fusco, datada de 5 de outubro de 1927: "Fiquei grogue quando soube que vocês aí mantêm correspondência com o Mário [de Andrade], o Alcântara [Machado], o [Sergio] Milliet etc. Mas rapaz! Que furo! Que furão! É o caso de se babar!".[119]

Enfim, ancorados em seus sobrenomes – "todos esses rapazes eram filhos de gente de dinheiro", lembra Fusco,[120] sendo ele mesmo a única exceção –, não foi difícil conseguir

---

[117] RESENDE, Henrique de. Verde, Poemas cronológicos e Outros poemas. *Verde*, Cataguases, n. 4, dez. 1927, p. 7.

[118] *Apud* MENEZES. *Amizade "carteadeira": o diálogo epistolar de Mário de Andrade com o Grupo Verde de Cataguases*, p. 236.

[119] *Apud* GOMES. Para um estudo sobre "Os azes de Cataguazes", p. 464.

[120] *Apud* ARAÚJO. A poesia modernista de Minas, p. 182.

apoio do comércio e da indústria da cidade à iniciativa, mesmo que Guilhermino César, cujos depoimentos tendem sempre a ser exagerados, afirme que

> o apoio da comunidade à revista, sob forma de anúncio, foi um apoio muito forçado. [...] os anúncios eram arrancados a fórceps, porque a comunidade realmente não nos entendia. Mas a influência do Henrique [de Resende], que era engenheiro, era muito grande e quando se tratava de tapar o rombo na tipografia, quem pagava era o Henrique, que estava fazendo obras, que estava fazendo a estrada Cataguases-Leopoldina, ganhava um dinheirinho lá. Meu pai ajudou uma vez a botar um dinheirinho lá, mas o Henrique no geral é que pagava tudo, e os anúncios eram muito poucos. Os homens mais ricos da cidade foram os Irmãos Peixoto, que nunca ajudaram nada. Só o Chico Peixoto é que era membro do grupo, esse ajudou muito. Mas, por exemplo, você não encontra um anúncio da fábrica de tecidos. Nunca nos auxiliaram em nada, nada.[121]

Para além do ímpeto executivo de Fusco, um adolescente pobre de 17 anos, valeu mesmo o prestígio social de Henrique de Resende, que, além de engenheiro estabelecido, pai de família, poeta reconhecido – foi o quarto colocado no concurso para eleger o Príncipe dos Poetas Mineiros, promovido pelo *Diário de Minas*, em 1927, quando Drummond encontrava-se à frente do jornal[122] –,

---

[121] *Apud* ROMANELLI. *A Revista Verde: contribuição para o estudo do modernismo brasileiro*, p. 217.

[122] Henrique de Resende conquistou 6.357 votos, atrás de Abgar Renault (6.946 votos), Belmiro Braga (8.810 votos) e Honório Armond (12.764 votos). Ver DIAS, Fernando Correia. *O movimento modernista em Minas: uma interpretação sociológica*. Brasília: Editora Universidade de Brasília, 1971. p. 76.

era filho de um ilustre advogado, Afonso Henrique Vieira de Rezende, e neto do criador do município de Cataguases, o coronel José Vieira de Rezende e Silva. Importantes também as participações de Antônio Martins Mendes, diretor-secretário do Ginásio Municipal, e, principalmente, de Francisco Inácio Peixoto, ambos filhos de destacados membros da influente comunidade portuguesa.

Das 20 peças publicitárias que compõem o número 1 da revista *Verde*, a maior parte é de empresas cujos proprietários mantinham vínculos, diretos ou indiretos, com as famílias dos membros do grupo. Da abastada comunidade portuguesa são os anúncios da Salgado & Cia., fábrica de macarrão dos irmãos Aníbal Evangelista e Francisco Manoel Salgado; da Casa Rama, de Manuel da Silva Rama, padrinho de Francisco Inácio Peixoto; da Casa Henriques Felippe, de Antônio Henriques Felippe; da Casa Peixoto e de A Jardineira, de Peixoto, Silveira & Cia, de propriedade da família ou de parentes de Francisco Inácio Peixoto. Ligados ao grupo, por motivos diversos, são as propagandas da Casa Carcacena, de propriedade de Homero Cortes Domingues e Agenor Cortes de Barros, sócios capitalistas de Humberto Mauro e Pedro Comello na Phebo Sul América Film; Ginásio Municipal de Cataguases, onde estudaram ou estudavam quase todos os participantes da revista; Cinema Recreio; A Brasileira, empresa impressora da revista; Ciodaro & Filho, de Paschoal Ciodaro, mecânico, músico e ator de três filmes de Humberto Mauro, *Na primavera da vida*, *Tesouro perdido* e *Brasa dormida*; e Casa Fenelon, de Fenelon Barbosa, jornalista, advogado e fiscal do Banco do Brasil – e do Vermicida César, do pai de Guilhermino César. A maioria desses anunciantes manteve-se nos números subsequentes da *Verde* – à exceção do número 1, da segunda fase –, com importantes adesões posteriores, como a de João Duarte Ferreira, idealizador da primeira fábrica de tecidos e da Companhia Força e Luz Cataguases-Leopoldina, a partir do número 2; do Colégio Nossa Senhora do Carmo e Escola Normal de Cataguases, a partir do número 3; da seção "Verde Recomenda", destinada aos serviços de dentistas, médicos e advogados, também a partir do número 3. No número 2, são reservadas 11 páginas para publicidade, com 22 peças; no número 3, 10 páginas, com 17 peças; no número 4, 10 páginas, com 17 peças; no número 5, 10 páginas, com 18 peças; e, no número 1, da segunda fase, apenas um anúncio, de A Brasileira, que imprimiu a *Verde*.

Mas, além dos anunciantes locais, a revista, por meio do incansável trabalho de Fusco, conseguiu aporte financeiro de outras fontes. Luiz Fernando Emediato, em reportagem sobre Rosário Fusco, aborda o assunto: "Se lhe dermos [a Rosário Fusco] um pouco de corda, ele certamente concordará em lembrar que a revista era sustentada pelo comércio local e pelas contribuições financeiras de Mário de Andrade e Prudente de Morais".[123]

Na verdade, publicado o primeiro número, que conta basicamente com a participação de autores mineiros, Fusco apela ao grupo paulista:

> O primeiro com quem Fusco se corresponde é Antônio de Alcântara Machado, que aceita colaborar e sugere que convidem também Mário [de Andrade], Oswald [de Andrade], Couto de Barros, Sergio Milliet, Prudente de Moraes Neto.

---

[123] EMEDIATO, Luiz Fernando. O mar existencial de Rosário Fusco. *Inéditos*, Belo Horizonte, n. 2, jul.-ago. 1976, p. 53.

Todos irão colaborar em *Verde*. Mário, Alcântara e Prudente terão pela revista um carinho especial. Tentam arranjar
anúncios, conseguem assinantes e depositários, mandam
dinheiro do próprio bolso, comentam cada número, fazem
sugestões de todo tipo.[124]

Apesar de estranhamente quase nunca citado pelos
verdes, Alcântara Machado teve papel fundamental na
sobrevivência e visibilidade da revista. Em duas cartas,
datadas de 21 e 26 de setembro de 1927, ele envia para
Rosário Fusco endereços dos modernistas paulistas, entre
eles o de Mário de Andrade, indica jornais para onde a *Verde*
deveria ser enviada[125] e, em correspondência datada de 14
de dezembro de 1927, usando de sua influência, pede que
sejam enviados "imediatamente": "20 exemplares de cada
um dos números já aparecidos (1, 2 e 3) à Casa Garraux.[126]
Do número 4 em diante passe a enviar 50 exemplares".[127]
Além de ajudar a estabelecer conexões com o mundo literário, ele se mete até mesmo na programação visual da revista,
conforme carta de 5 de dezembro de 1927:

> O aspecto material prosperou. Eu se fosse você ainda o
> simplificaria um bocado. Enfeia-o muito desenhinho
> tipográfico. Na capa, além da margem verde bastaria um

---

[124] *Apud* GOMES. Para um estudo sobre "Os azes de Cataguazes", p. 464.

[125] Ver MENEZES. *Amizade "carteadeira": o diálogo epistolar de Mário de Andrade com o Grupo Verde de Cataguases*, p. 368.

[126] "A Casa Garraux é um dos mais importantes estabelecimentos comerciais
da cidade [São Paulo] pela variedade e fina qualidade dos objetos expostos à
venda [...] O que porém recomenda especialmente essa casa é a sua notável
livraria: nem na Corte há outra igual" (DINIZ, Firmo de Albuquerque. *Notas de viagem*. São Paulo: Governo do Estado, 1978. p. 85).

[127] *Apud* DOYLE. *História de revistas e jornais literários*, v. I, p. 123.

quadrado preto cercando o sumário. Não dois como agora. Nos paralelepípedos que ladeiam o título arranque os pontilhos ::::: As letras bastam. Tire também os traços desenhados que separaram os artigos [...] Para que essa separação? Para este fim bastam os títulos. Mas querendo separar ponha um traço e mais nada. Uma linha como se diz em língua tipográfica.[128]

Mas, sem que soubessem, Alcântara Machado fez muito mais: abortou um princípio de rebelião contra a revista, que, caso fosse à frente, teria inviabilizado-a completamente. Em carta a Prudente de Moraes, neto, datada de 21 de novembro de 1927, ele afirma:

> Soube pelo Tristão [de Athayde] que você, o [Manuel] Bandeira e o Rodrigo [M. F. de Andrade?] estavam com a sinistra intenção de publicar um manifesto contra a *Verde*. Naturalmente, vocês ficaram como toda a gente indignados contra a maneira besta com que aquela rapaziada (16 a 17 anos) redigiu o primeiro número: a língua, a preocupação modernista, a ortografia, a agressividade chulé, as asneiras e o resto. Mas eu adotei outra atitude. Escrevi a eles: vocês escrevem pedra, pensam pedra, são modernistas pedra. Não valem um tostão. No fundo o esforço é ótimo. Tratem de melhorar, pois o pensamento é o estilo. Cresçam primeiro. Depois apareçam devargarzinho. É o que eles têm feito. O segundo número da revista é a prova. Para essa obra de catequese não posso dispensar o seu concurso. Está claro.[129]

---

[128] *Apud* MENEZES. *Amizade "carteadeira": o diálogo epistolar de Mário de Andrade com o Grupo Verde de Cataguases*, p. 369.

[129] *Apud* MENEZES. *Amizade "carteadeira": o diálogo epistolar de Mário de Andrade com o Grupo Verde de Cataguases*, p. 370.

A ideia do nome da revista é assunto controverso. Delson Gonçalves Ferreira, citando declaração de Guilhermino César à *Revista do Globo*, afirma que quem a batizou de *Verde* foi Camilo Soares,[130] informação corroborada por Joaquim Branco, que afirma tê-la obtido em contatos pessoais com Francisco Inácio Peixoto, Rosário Fusco e o próprio Guilhermino, nos anos 1960 e 1970.[131] No entanto, em entrevista a Kátia Bueno Romanelli, Peixoto dá outra versão para o fato: "Naquela época era tudo verde, verde, verde. [...] O próprio Fusco tinha um livro chamado *Verde*.[132] Não o publicou. E foi o Fusco que deu o nome de *Verde* à revista projetada pelo Ascânio, por ele, pelo Enrique, enfim, pelos 'verdes' existentes em Cataguases. Mas a ideia do nome foi do Fusco".[133]

Finalmente, por que *Verde*, uma cor que, na época, estava bastante associada ao Movimento Verde-Amarelo, fundado em 1926, que redundaria no Integralismo, liderado por Plínio Salgado, variante brasileira do fascismo? Henrique de Resende descarta qualquer relação com a ideologia autoritária importada da Europa, seja na escolha do título da revista, seja na defesa do nacionalismo: "verde quer dizer mocidade, e mocidade é insurreição";[134] mais ou menos o

---

[130] ANTOLOGIA do Grupo Verde: Camilo Soares. *Suplemento Literário do Minas Gerais*, Belo Horizonte, n. 570, 3 set. 1977, p. 7.

[131] BRANCO. *Passagem para a modernidade: transgressões e experimentos na poesia de Cataguases (década de 1920)*, p. 60, nota 12.

[132] Esse livro chegou a ser anunciado, em nota assinada por Martins Mendes: "Rosário Fusco vai publicar 20 e 4 poemas modernos. Vai publicar o *Verde*. Livro bom, verdadeiramente bom" (*Verde*, Cataguases, n. 1, set. 1927, p. 29).

[133] *Apud* ROMANELLI. *A Revista Verde: contribuição para o estudo do modernismo brasileiro*, p. 192.

[134] RESENDE. *Pequena história sentimental de Cataguases*, p. 100.

que afirma Guilhermino César: "porque imaturo, que está no começo, juvenil",[135] argumento secundado por Fusco:

> A *Verde* foi feita por pura intuição. Ninguém sabia de nada. Não tem nada de política na *Verde*. Um dia Joel da Silveira fez esta confusão: falou que nosso movimento era integralista. Disse que éramos, até certo ponto, "precursores do integralismo". Isto é uma mentira. [...] "Verdeamarelo" como símbolos de nacionalismo andavam no ar, e há uma espécie de ecologia inespacial-intelectual ainda não pressentida ou estudada convenientemente. A verdade é que as ideias de um tempo se universalizam por contágio, não se sabe como e o porquê, assim como levam séculos para germinar.[136]

É Carlos Drummond de Andrade, em nota não assinada, mas certamente dele, que resume a questão, ao noticiar o próximo surgimento da revista *Verde*, na "culta cidade da [Zona da] Mata": "o nome já é uma indicação feliz de brasilidade – Verde é sentimento da terra, do nosso meio, é todo o ideal modernista. Nome feliz – fundamentalmente sugestivo, este".[137]

---

[135] *Apud* ROMANELLI. *A Revista Verde: contribuição para o estudo do modernismo brasileiro*, p. 224.

[136] FUSCO. Verde porque tudo era verde, p. 1.

[137] ANDRADE, Carlos Drummond de. O momento literário em Minas / Cataguases vai ter uma revista de boas letras. *Diário de Minas*, Belo Horizonte, 20 ago. 1927.

NACIONALISMO E LIBERDADE DE EXPRESSÃO

Arevista *Verde* publicou seis números, alcançou sucesso nacional e entrou para a história da literatura brasileira ao divulgar textos de autores que viriam a ser destacadas figuras nos meios culturais do país.[138] A grande importância do movimento Verde foi a de ter evidenciado a força de penetração do modernismo e de ter contribuído, definitivamente, para a consolidação dos postulados estéticos de vanguarda, reafirmados em suas principais vertentes, liberdade de expressão e nacionalismo. Nesse sentido, *Verde* talvez tenha sido o único periódico literário brasileiro a acompanhar mais de perto o espírito radical dos modernistas paulistas.

O "Manifesto Verde",[139] que saiu encartado em papel verde no número 3 da revista, em novembro de 1927, estabelece, em linhas gerais, embora de forma confusa, alguns parâmetros do ideário do grupo de Cataguases. "A desorientação é ainda melhor coisa que se fez no modernismo", justificaria Henrique de Resende,[140] responsável

---

[138] Ver Anexo C.
[139] Ver Anexo B.
[140] REZENDE. Notas de Cataguases. Ideias falsas, p. 2.

pela redação do documento, revisto por Ascânio Lopes, enquanto "os demais só assinaram",[141] conforme Francisco Inácio Peixoto. Ou, como argumenta Rosário Fusco: "Os lugares-comuns e modismos expressionais são do Henrique – o que há de melhor é de Ascânio".[142] Segundo Guilhermino César, "essa noção de que era necessário o manifesto foi em grande parte veiculada pelo Ascânio Lopes. O Ascânio tinha muita preocupação programática".[143]

É Guilhermino César ainda quem, décadas mais tarde, listaria as variadas influências sofridas pelo grupo – ecletismo que ecoa no texto do Manifesto:

> Os autores que realmente buscaram a linha programática, espécie assim de projeto de literatura para a *Verde*, foram no geral poetas da fase moderna. O Ribeiro Couto, o Manuel Bandeira, o Mário de Andrade e logo depois o [Carlos] Drummond [de Andrade], mas o poeta que de fato marcou a *Verde* no primeiro momento foi o Ribeiro Couto. [...] Bandeira foi um momento, a descoberta de Bandeira foi um momento de plenitude. Ronald de Carvalho, naquela fase de *Epigramas irônicos e sentimentais*, também muito nos marcou, demais. Também outro autor que nos marcaria depois muito, muito, muito, seria Augusto Meyer, *Coração verde*, sobretudo aquela fase, digamos assim, de espírito localista, aquele amor à terra [...]
>
> Naquele nacionalismo de Ronald também, por causa de [Walt] Whitman [...] Há nele certas situações, certas coisas, certas preferências temáticas que nos tocaram, isto realmente

---

[141] *Apud* ROMANELLI. *A Revista Verde: contribuição para o estudo do modernismo brasileiro*, p. 196.

[142] FUSCO. Verde porque tudo era verde, p. 1.

[143] *Apud* ROMANELLI. *A Revista Verde: contribuição para o estudo do modernismo brasileiro*, p. 220.

foi assim. Agora, os prosadores, evidentemente os grandes prosadores do modernismo, surgem depois de *Verde*. É a fase de Antônio de Alcântara Machado, que nos influenciou mais. O Mário nos influenciou a todos nós. Eu desaprendi a escrever para escrever à maneira do Mário de Andrade. Depois arrepiei carreira. A gente desaprendia tudo que tinha aprendido para escrever à maneira do Mário de Andrade.[144]

Na verdade, o documento, como mais tarde reconheceria Francisco Inácio Peixoto, "foi uma bobagem", um desejo de "seguir a moda do manifesto e a vontade de nos projetar afirmando coisas que nós não éramos, nem podíamos ser"[145] – quase uma necessidade de marcar o território com frases de efeito, em que se misturam tolas invectivas municipais, legítimo anseio por reconhecimento, reivindicação de inventividade e ingênuo clamor de independência em relação aos outros grupos e entre eles mesmos, conforme seu resumo:

1º) Trabalhamos independentemente de qualquer outro grupo literário;

2º) Temos perfeitamente focalizada a linha divisória que nos separa dos demais modernistas brasileiros e estrangeiros;

3º) Nossos processos literários são perfeitamente definidos;

4º) Somos objetivistas, embora diversíssimos, uns dos outros;

5º) Não temos ligação de espécie nenhuma com o estilo e o modo literário de outras rodas;

---

[144] *Apud* ROMANELLI. *A Revista Verde: contribuição para o estudo do modernismo brasileiro*, p. 216-217.

[145] *Apud* ROMANELLI. *A Revista Verde: contribuição para o estudo do modernismo brasileiro*, p. 196.

6°) Queremos deixar bem frisado a nossa independência no sentido "escolástico";

7°) Não damos a mínima importância à crítica dos que não nos compreendem.

Como demonstrou Joaquim Branco,[146] no "Manifesto Verde" podem ser encontrados rastros dos vários textos teóricos divulgados até aquele momento: o objetivismo de Graça Aranha; o futurismo marinettiano incorporado por Menotti del Picchia em seu discurso na Semana de Arte de Moderna de 1922;[147] a reivindicação radical de originalidade presente no editorial de *Klaxon* – "*Klaxon* não é futurista. *Klaxon* é klaxista"/"Somos nós, somos VERDES"; a crítica à tradição poética e a exaltação da liberdade de criação, presentes no "Prefácio interessantíssimo" e em *A escrava que não é Isaura*, de Mário de Andrade; a simpatia pelo regionalismo salientado em *A Revista* – "Aproveitamos nesse movimento alguns reflexos do nosso ambiente; a originalidade local do nosso interior"; o apelo nacionalista da Poesia Pau Brasil, de Oswald de Andrade.[148] O manifesto foi devidamente espinafrado por Mário de Andrade, em

---

[146] BRANCO. *Passagem para a modernidade: transgressões e experimentos na poesia de Cataguases (década de 1920)*, p. 63-79.

[147] Guilhermino César afirma: "Nós devemos ao Marinetti aquela porção do modernismo mineiro que se insere no plano da realidade. Quer dizer, quando lemos Marinetti [...] ficamos impressionados. Sentimos que era preciso atualizar o pensamento, mas que esse pensamento se exprimia em termos de dinamismo, quer dizer, era a máquina, era o automóvel, era o motor, era o avião [...] nós nos apegávamos ao objetivismo como sendo uma necessidade de desmistificar o Brasil do sentimentalismo de mangas curtas" (*apud* ROMANELLI. *A Revista Verde: contribuição para o estudo do modernismo brasileiro*, p. 223).

[148] Ver TELLES. *Vanguarda europeia e modernismo brasileiro*.

carta a Rosário Fusco, datada de 23 de dezembro de 1927: "Quanto ao Manifesto de fato está besta a valer. Só valeu aquele pedacinho apaixonado em que vocês juram trabalhar pela *Verde*. Achei aquilo de uma lindeza extraordinária. Gozei como o diabo".[149]

Os dois pontos que nortearam as ações do grupo, liberdade de expressão e nacionalismo, aparecem discutidos apenas lateralmente no "Manifesto Verde" – estão melhor explanados nas páginas da revista. No artigo "A cidade e alguns poetas", que serve de editorial do número 1 de *Verde*, Henrique de Resende argumenta que

> de entre os muitos bens que nos trouxe o modernismo, sobressai, é certo, a liberdade com que sonhávamos.
>
> Daí o abandonarmos tudo que pudesse subjugar-nos o espírito – como são os cânones de toda espécie.
>
> E com a liberdade veio o amor a todas as coisas belas.
>
> E tudo que é nosso irrompeu no ritmo novo de uma geração nova.[150]

No mesmo número, Rosário Fusco, em inflamado artigo, reclama a necessidade de se permitir a liberdade absoluta de criação, proclamando que cada autor deveria ser sua própria escola – e condenando o "banzé danado que a gente de peso na Arte Moderna vem fazendo atualmente": "Na Arte Moderna não há escolas, nem nada. Portanto, cada um pra si. Cada um é líder de si mesmo [...] Esse negócio de torcida

---

[149] Ver FERREIRA, Delson Gonçalves. *Centenário de uma cidade: cronologia cultural. Suplemento Literário do Minas Gerais,* Belo Horizonte, n. 570, 3 set. 1977, p. 3.

[150] VERDE. Cataguases, n. 1, set. 1927, p. 10.

é só no futebol. Nada de política! Nada de partidos! Nada de polêmicas! Nada. Nada. Nada! [...] na Arte Moderna a gente segue a emoção pura e espontânea de cada um".[151] Fusco demonstraria, pouco depois, "grande arrependimento imensa vergonha" desse artigo – "ele quase não dorme pensando [que] escreveu besteiras como 'É preciso paz na arte moderna' e certas notícias sobre livros", segundo Francisco Inácio Peixoto,[152] possivelmente por conta da didática repreensão dirigida a ele por Alcântara Machado, em carta de 5 de dezembro de 1927:

> É preciso distinguir modernismo verdadeiro de modernismo falso. Não modernismo de futurismo. Porque a diferença entre estes últimos é evidente. Entre eles a distinção está feita há tempos. Na lista *Os combatentes da hora* verifiquei assombrado uma confusão desastrada. Couto de Barros modernizante? Modernizante quem dirigiu *Klaxon* e escreveu *A mulher que virou infinito*? Paulo Prado moderno? Paulo Prado é uma das primeiras forças da inteligência brasileira de hoje. Mas nunca foi moderno ou antes vanguardista. É um historiador de visão moderna sem dúvida. É um dos brasileiros mais modernos no gosto e no juízo. Em literatura é um simpatizante. Não quer ser e não é outra coisa. Tem um lugar apartado no movimento. Não pode ser posto ao lado de Mario e Oswald [de Andrade] por exemplo no torvelinho da luta.
>
> Cassiano Ricardo moderno? Ai-ai-ai! Cuidado, gentes. Cautela, pessoal. Distinga, meninada. Graça Aranha moderno? Nossa senhora de minha devoção: elucide a rapaziada.

---

[151] VERDE. Cataguases, n. 1, set. 1927, p. 11.
[152] PEIXOTO, Francisco Inácio. Carta-telegrama pra Martins de Oliveira. *Verde*, Cataguases, n. 4, dez. 1927, p. 13.

Outra coisa: Godofredo Rangel e Ildefonso Falcão colaborando na *Verde*. Bom. Já estou eu de novo metendo o nariz (aliás, pequeno) onde não fui chamado. Prefiro não dizer nada.[153]

Ana Lúcia Guimarães Richa Lourega de Menezes argumenta que talvez essa liberdade de expressão pregada pelos verdes "se referisse a certa incompreensão inicial das disputas internas do modernismo brasileiro",[154] enquanto Rivânia Maria Trotta Sant'Anna acredita que "a atitude dos organizadores da revista resultava da crença sincera na validade da busca pela liberdade de expressão".[155] Fato é que, embora Francisco Inácio Peixoto afirme que o material publicado não passava por seleção prévia – "nós mandávamos a colaboração para a redação. Lá acompanhávamos a composição, que era manual, a impressão e, impressa a revista, saíamos todos, satisfeitos mostrando o produto do nosso bestunto"[156] –, a influência de Alcântara Machado e, principalmente, de Mário de Andrade se tornou cada vez mais incontornável. O grupo chegou mesmo a imaginar um número especial de *Verde* dedicado a Mário de Andrade, que, em carta a Rosário Fusco, datada de 23 de março de 1928, declinou elegantemente:

> Quanto ao número dedicado a mim, tenha paciência mas isso não pode ser. Não é questão de modéstia e outras bobagens. É que não convém e eu sofreria com isso. Você

---

[153] *Apud* GOMES. *Para um estudo sobre "Os azes de Cataguazes"*, p. 466.

[154] MENEZES. *Amizade "carteadeira": o diálogo epistolar de Mário de Andrade com o Grupo Verde de Cataguases*, p. 300.

[155] SANT'ANNA. *O movimento modernista Verde, de Cataguases – MG: 1927-1929*, p. 106.

[156] *Apud* ROMANELLI. *A Revista Verde: contribuição para o estudo do modernismo brasileiro*, p. 198.

tão desconfiado que vai pensar de certo que quero falar que isso me prejudicava por *Verde* não prestar. Não é nada disso. Simplesmente: homenagem não é meu gênero e eu sofria, palavra... Desista pois da ideia de homenagem. Ela me fazia sofrer e me deixava esquerdo.[157]

Meses depois, Mário de Andrade se esquivaria de nova investida, dessa vez para participar como redator da revista – na verdade, uma derradeira tentativa de mantê-la viva –, conforme correspondência enviada para Fusco, em 8 de junho de 1928: "Não tenho ligação nem compromisso nem chefia de grupo nenhum de S. Paulo nem de parte alguma, que ideia besta esta de você! Está claro que certa influência, às vezes mal assimilada do que eu faço, se manifesta um bocado por aí tudo, porém isso jamais indicará que chefio coisa nenhuma".[158]

Se no quesito liberdade de expressão, de alguma forma, os verdes encontravam-se bem próximos de Mário de Andrade, no quesito nacionalismo suas ideias inclinavam-se mais para Oswald de Andrade. No "Manifesto Verde", eles assim se exprimem:

> Nós não sofremos a influência direta estrangeira. Todos nós fizemos questão de esquecer o francês. [...] Não temos pais espirituais. Ao passo que outros grupos, apesar de gritos e protestos e o diabo no sentido de abrasileiramento de nossos motivos e de nossa fala, vivem por aí a pastichar o "modus" bárbaro do sr. Cendrars e outros franceses escovados ou pacatíssimos.

---

[157] *Apud* DOYLE. *História de revistas e jornais literários*, v. I, p. 123.

[158] *Apud* MENEZES. *Amizade "carteadeira": o diálogo epistolar de Mário de Andrade com o Grupo Verde de Cataguases*, p. 267.

[...] os outros querem que escrevamos sonetos líricos e acrósticos portugueses com nomes e sobrenomes.

Nós preferimos deixar o soneto na sua cova, com seus quatorze ciprestes importados, e cantar simplesmente a terra brasileira.

Essa "fúria nacionalista", "mais literária do que política", segundo Rosário Fusco,[159] apresenta-se desde o primeiro número da revista. "Abrasileirar o Brasil – é o nosso risco" – parecia claro aos integrantes do grupo que o processo de maturação do nacionalismo como ponta de lança para a formulação de uma nova cosmovisão autêntica se realizaria com o afastamento das ideias estéticas e do condicionamento temático de seus antecessores, a partir da necessidade de voltar os olhos para as coisas verdadeiramente brasileiras. Henrique de Resende argumenta:

Já não pensamos em Bruges-la-Morte com os seus carrilhões e os seus canais.

Já não sonhamos Veneza com as suas gôndolas e os seus passadiços. Já não cobiçamos a nudez de Salomé. E nem tampouco – oh Deus misericordioso! – já não nos embebeda o macetíssimo luar de Verona.

Hoje contamos o que é nosso com palavras nossas. O verde das nossas matas e o mistério das nossas selvas. O esplendor dos nossos campos e a força bruta das nossas águas. A fartura das nossas lavouras e o ouro dos nossos garimpos. O brilho metálico das nossas montanhas e o trabalho das nossas fábricas rangendo.[160]

---

[159] FUSCO. *Verde porque tudo era verde*, p. 1.
[160] RESENDE, Henrique de. A cidade e alguns poetas. *Verde*, Cataguases, n. 1, set. 1927, p. 10.

Em artigo intitulado "A hora presente", publicado no número 2 da *Verde*, Ascânio Lopes, para quem as teorias eram "obras de arte também",[161] enfoca o problema dentro de um contexto político, antecipando, de certo modo, uma preocupação que norteará os rumos ideológicos da Revolução de 1930, e explorando pontos comuns ao movimento antropofágico:

A palavra estrangeiro, na sua origem, significava o inimigo. [...] A grande guerra, despertando os sentimentos nativistas dos povos, acordando as forças que prendem o homem à sua terra e à sua gente, reviveu o velho sentido do vocábulo; criou uma atmosfera de revolta contra o estrangeiro, contra as instituições e costumes alheios; criou, enfim, um estado de rebelião permanente contra as outras nacionalidades. Mais ainda: fez com que todos voltassem os olhos para sua terra e sua gente. Não para um idealismo romântico, porque o momento era de ação; não para um pessimismo doentio, porque o momento, que era de exaltação de cada nacionalidade, não o comportava. Mas, para um exame melhor das coisas, para a nacionalização das instituições, para a formação dum espírito nacional, para a criação, apuração ou consolidação de uma nacionalidade, isenta e fora do círculo da influência direta dos elementos estrangeiros. E nos países novos e de imigração, como o Brasil, onde o espírito e as coisas nacionais não estão estabilizadas, passado o primeiro instante de choque com essa corrente de ideias de nacionalização, que foi um combate violento, mais de barulho que de resultado, trata-se, na hora presente, de formar um espírito nacional, um critério nacional, para a solução dos problemas nacionais;

---

[161] Carta a Mário de Andrade, em 13 de março de 1928. *In*: MENEZES. *Amizade "carteadeira": o diálogo epistolar de Mário de Andrade com o Grupo Verde de Cataguases*, p. 245.

luta-se pela formação da nacionalidade, pela conservação em estado de pureza ou pela criação dos elementos que são indispensáveis a ela; trata-se de absorver o estrangeiro, sem ser absorvido por ele.[...]

Trata-se, pois, da unificação da raça; da unificação da língua, já diferenciada da portuguesa por uma força subconsciente, incorporando-se ao patrimônio dela os legítimos modismos e palavras da generalidade do povo brasileiro; tenta-se a formação duma literatura própria, quer quanto às fontes de inspiração, quer quanto à forma; [...]

Hora de análise profunda das coisas a hora presente, em que a ânsia de brasilidade invade todos os corações, preocupa todos os cérebros, porque todos que sentem e pensam compreenderam que o problema, longe de encerrar um mesquinho sentimento bairrista, é o problema mesmo da nossa existência e duração, como povo e como nação. [...]

Hora momento-brasileiro, a mais bela da nossa gente; hora incerta, obscura, nebulosa, em que se trata da eternidade, no espaço e no tempo, de uma sociedade.[162]

Aliás, a confluência dos verdes ao pensamento de Oswald de Andrade já havia sido, na época, percebida e apontada por Tristão de Athayde:

Se essa revista, *Festa*, corresponde, portanto, a uma concepção "espiritualista" do movimento moderno de nossas letras, a alegre e paradoxal revista de Cataguases, *Verde*, [...] corresponde à concepção primitivista. Tanto tende o grupo carioca a um sentido de elevação pela incorporação de novos planos do espírito, em todas as direções, ou como

---

[162] VERDE. Cataguases, n. 2, out. 1927, p. 17.

diz o sr. Henrique Abílio – "ascensão em profundidade" – quanto visa o grupo Verde o mesmo ideal expresso no famoso manifesto do sr. Oswald de Andrade – a retrogradação ao terra-a-terra (por sutileza).

[...] Vê-se portanto que o grupo está no extremo oposto aos rapazes de *Festa*. Movimento improvisado, desejo não só de fazer qualquer coisa de novo, mas também "abrasileirar o Brasil", ruptura integral com o passado recente [...] sedução irresistível pelas ideias primitivistas (já abandonadas em parte pelo seu próprio autor), desejo do novo pelo novo, enfim, todos os característicos de um movimento mais de ampliação que de criação.[163]

Natural, portanto, que, finda a vida útil de *Verde*, o grupo avançasse para outras frentes. Inicialmente, foram acolhidos por Alcântara Machado nas páginas da *Revista de Antropofagia*, que, lançada em maio de 1928, tirou, em sua primeira fase, ou "dentição", 10 edições, até fevereiro de 1929. Nela publicaram poemas Rosário Fusco ("Lírica", no número 2), Ascânio Lopes ("Sangue brasileiro", no número 3), Guilhermino César ("Deslumbramento", no número 5), Henrique de Resende ("Poema brasileiro n. 2", também no número 5) e Camilo Soares ("Encantamento", no número 8) – Rosário Fusco respondeu a uma crítica de Manuel Bandeira ("Açougue", no número 4). Além disso, Alcântara Machado, sempre ele, lamentou a morte de Ascânio Lopes (no número 10) e escreveu resenhas bastante simpáticas aos livros da Editora Verde, *Poemas cronológicos* (no número 1) e *Meia-pataca* e *Fruta do conde* (no número 10).

---

[163] ATHAYDE, Tristão de. Gente de amanhã. *O Jornal*, Rio de Janeiro, 22 jan. 1928. Primeira Seção, p. 4.

Em 17 de março de 1929, a *Revista de Antropofagia* tornou-se suplemento do jornal *Diário de São Paulo*, inaugurando a segunda fase, ou "dentição", que não era de "transformação, e sim ortodoxia", publicando 17 números, mais ou menos semanais, sendo o último em 1º de agosto. Em carta datada de "fins de março de 1929", Oswald de Andrade, após criticar Alcântara Machado – "o Alcântara não entendeu o sentido do movimento [...] evidentemente errei ao tê-lo convidado para dirigir a Revista" –, conclama Carlos Drummond de Andrade a aderir ao movimento: "mande coisas, diga ao [Pedro] Nava [...] que mande outro. Diga aos Cataguases que com eles contamos".[164] Mas Oswald de Andrade não conseguiu convencer nem Drummond, nem Nava, nem os "Cataguases".

Isso porque, paralelamente à segunda "dentição" da *Revista de Antropofagia*, surgiu, no dia 13 de maio de 1929, *Leite Criôlo*, um tabloide de oito páginas, distribuído gratuitamente pelas ruas de Belo Horizonte, depois tornado suplemento no jornal *Estado de Minas*, de Belo Horizonte, publicado quinzenalmente entre 2 de junho e 29 de setembro de 1929, num total de 19 edições. À frente do periódico, "um jornal [...] dentro da mentalidade antropofágica",[165] encontravam-se João Dornas Filho, Achiles Vivacqua e Guilhermino César, que carregou consigo os outros verdes: Francisco Inácio Peixoto, Rosário Fusco, Oswaldo Abritta e Christophoro Fonte-Bôa.[166]

---

[164] *Apud* DOYLE. *História de revistas e jornais literários*, v. I, p. 140.

[165] CLUBE de Antropofagia de Minas Gerais. *Diário de São Paulo*, São Paulo, 12 jun. 1929. Revista de Antropofagia, 2ª dentição, n. 10, [s.p.].

[166] O jornal republicou ainda dois textos de Ascânio Lopes, postumamente: "A hora presente" (Suplemento X, 11 ago. 1929), originalmente em *Verde*,

Apesar da evidente relação entre antropofagia e criolismo,[167] o assédio de Oswald de Andrade aos mineiros em busca de apoio contra Alcântara Machado e Mário de Andrade, com quem vinha publicamente se desentendendo, levou a um alinhamento tácito dos verdes com os amigos de primeira hora. Em carta datada de 27 de maio de 1929, Guilhermino César explica a Francisco Inácio Peixoto:

[Raul] Bopp propôs ao Dornas uma sucursal da Antropofagia em Belo Horizonte, coisa já proposta ao Carlos [Drummond de Andrade] e até ao João Alphonsus, que não responderam nada. Os paulistas tentaram até pagar 200$000 pro pessoal movimentar a sucursal. Ninguém aceitou, está claro. [...] Depois é besteira do Oswald [de Andrade] e Bopp estarem com essas rivalidadezinhas. Oswald já estava ficando esquecido, precisava fazer barulho e focalizar o seu nome, vai arranja essa besteirada contra Mário [de Andrade] e Alcântara [Machado], os quais a gente pode não seguir cegamente mas é obrigado a aplaudir. Dois homens que trabalham como sabem trabalhar e estão mesmo modificando a atmosfera da nossa gente de letras.[168]

---

n. 2 (out. 1927, p. 17); e "Paulo Prado, paulística e várias coisas" (Suplemento XIII, 1º set. 1929), originalmente em *Verde*, n. 4 (dez. 1927, p. 24-25).

[167] Atada a uma diferença fundamental, indicada por Antônio Sérgio Bueno: "A Antropofagia glorifica o índio em seu aspecto físico e sua vivência natural, enquanto o Criolismo despreza o negro no seu corpo e nos seus valores culturais e o convida a se transformar. O índio é o 'ponto de partida da operação orgânica da qual surgiu, surge e surgirá o brasileiro', enquanto o negro continua sempre como entidade degenerada, perigosa" (BUENO, Antônio Sérgio. *O modernismo em Belo Horizonte: década de vinte*. Belo Horizonte: Editora UFMG; Proed, 1982. p. 175).

[168] *Apud* GOMES. Para um estudo sobre "Os azes de Cataguazes", p. 470.

Tomando como pretexto os "conselhos tendenciosos à meninada serelepe de Cataguases",[169] Oswald de Andrade volta a atacar Mário de Andrade, em artigo intitulado "Os três sargentos", publicado em 14 de junho de 1929 na *Revista de Antropofagia*, assinado com o pseudônimo de Cabo Machado:

Os srs. Alcântara Machado (o Gago Coutinho que nunca voou) e Mário de Andrade (o nosso Miss São Paulo traduzido em masculino), iniciaram a guerra contra a original idade. Só a chatice, a cópia e a amizade é que prestam.

Os dois ilustres Molinaros do modernismo estão vendo seriamente ameaçadas pela rudeza da Antropofagia as suas sistemáticas e marotas atas falsas. As cartinhas de amor para Cataguases já vão arrepiadas como freiras durante a invasão militar. Aliás, os meninos de Minas precisam se decidir. Literatura será questão de amizade? Não haverá entre eles um Tiradentinhos ao menos que tenha a coragem de conspirar contra esse reinado de Dona Maria, em que se estava transformando a ofensiva modernista?[170]

Esse artigo provoca o rompimento definitivo entre Oswald e Mário de Andrade, principalmente devido às insinuações sobre a homossexualidade de Mário nele contidas. Em carta a Tarsila do Amaral, na época casada com Oswald, datada de 4 de julho, Mário confessa que aquelas palavras o feriram "crudelissimamente" e isso é "coisa que

---

[169] TAMANDARÉ [Osvaldo Costa]. Moquém – III – Entradas. *Diário de São Paulo*, São Paulo, 24 abr. 1929. Revista de Antropofagia, 2ª dentição, n. 10, p. 10.

[170] MACHADO, Cabo [Oswald de Andrade]. Os três sargentos. *Diário de São Paulo*, São Paulo, 14 abr. 1929. Revista de Antropofagia, 2ª dentição, n. 10, p. 6.

não se endireita, desgraçadamente para mim".[171] O artigo interrompe também a relação entre os "meninos de Minas" e Oswald de Andrade, consubstanciada na carta de Carlos Drummond de Andrade, publicada na edição da *Revista de Antropofagia* de 19 de junho de 1929, cujas palavras certamente os verdes endossariam: "Toda literatura não vale uma boa amizade".[172]

---

[171] *Apud* ANDRADE, Gênese. Amizade em mosaico: a correspondência de Mário a Oswald de Andrade. *Teresa: Revista de Literatura Brasileira*, São Paulo: Editora 34, n. 8-9, 2008, p. 185.

[172] ANDRADE, Carlos Drummond de. Os Andrades se dividem. *Diário de São Paulo*, São Paulo, 19 jun. 1929. Revista de Antropofagia. 2ª dentição, n. 11, [s.p.].

A MORTE DA *VERDE*, E DEPOIS

Apesar de Rosário Fusco afirmar que "*Verde* está morta desde 1929, quando morreu também o nosso querido Ascânio Lopes",[173] ideia repetida por Henrique de Resende – "Não tivemos coragem de caminhar sem o companheiro que tombara. [...] E foi por isso que, em maio daquele mesmo ano [1929], sepultamos *Verde*"[174] –, a verdade é que problemas incontornáveis, de naturezas diversas, começaram a aparecer após a publicação do número 4 da revista, em dezembro de 1927. Henrique de Resende, em carta a Guilhermino César, de 8 de janeiro de 1928, reclama:

> Os anúncios que têm sustentado a *Verde* aparecerem unicamente por consideração que certos amigos do comércio dispensam a mim. [...] Mas compreende-se, facilmente, que não me fica bem estar, de três em três meses, solicitando *reforma* aos comerciantes, quando estes me dão anúncios exclusivamente por uma consideração que me dispensam a mim particularmente. Razão por que, meu caro Guilhermino, estou agora arranjando anúncios fora

---

[173] EMEDIATO. O mar existencial de Rosário Fusco, p. 53.
[174] RESENDE, Henrique de. *Estórias e memórias*. Rio de Janeiro: Olímpica, 1970. p. 127.

daqui. Já pedi em S. Paulo e Rio. Caso você tenha facilidade aí [Belo Horizonte] mandar-lhe-ei uma autorização por escrito.[175]

O número 5 saiu, atrasadíssimo, em junho daquele ano, embora com data de janeiro, trazendo um suplemento especial relativo aos meses de fevereiro, março, abril e maio, somente com anúncios de firmas de Cataguases, o que demonstra que não houve interesse de empresas das capitais em patrocinar a revista. Aquele foi o único cuja capa não é verde, e sim vermelha – "por causa da grande pressa que nós tínhamos de botar prá fora *Verde* n. 5, que por sinal já anda vermelhinha de vergonha [...]"[176] –, e também o único impresso nas oficinas do jornal Cataguases, e não na tipografia de A Brasileira –; derradeira tentativa de manter a revista em circulação, como prova este desesperado apelo:

GENTE, porque VERDE já passou pelo susto de morrer, e nós por isso quase que morremos de susto, resolvemos que a partir deste número em diante, a nossa revistinha ficasse menor, mais barata pra gente e pra vocês também.

Aproveitando a ocasião, lembramos a vocês que VERDE precisa de assinantes. Sem isso ela morrerá NECESSARIAMENTE!

[...] VERDE precisa da camaradagem de toda a gente moça. Sem isso ela morrerá NECESSARIAMENTE![177]

---

[175] *Apud* MENEZES. *Amizade "carteadeira": o diálogo epistolar de Mário de Andrade com o Grupo Verde de Cataguases*, p. 239.
[176] VERDE. Cataguases, n. 5, jan. 1928, p. 5. Suplemento.
[177] VERDE. Cataguases, n. 5, jan. 1928, p. 8. Suplemento.

No entanto, o número 6 nunca foi lançado. Rosário Fusco lutava pela sobrevivência da revista, "acho que não morre não", dizia a Mário de Andrade, em carta de 21 de julho de 1928,[178] enquanto Henrique de Resende demonstrava menos otimismo, em correspondência com Francisco Inácio Peixoto, sem data, mas certamente dessa mesma época: "espero o mais depressa possível [...] o sexto e último número – tipo enterro – da *Verde*".[179]

Aliada às dificuldades financeiras, no começo de 1928 conclui-se a dispersão do grupo. Oswaldo Abritta e Christophoro Fonte-Bôa mudam-se para Belo Horizonte, onde já se encontrava Guilhermino César – Francisco Inácio Peixoto e Martins Mendes estavam no Rio de Janeiro. Camilo Soares vai inicialmente para Juiz de Fora e em seguida para o Rio de Janeiro. Henrique de Resende deixara o emprego na The Leopoldina Railway Company para trabalhar na construção da estrada de rodagem que liga Cataguases a Leopoldina. Ascânio Lopes, severamente acometido pela tuberculose, volta para Cataguases em 8 de maio,[180] indo morar com seus pais num sítio afastado da cidade. Rosário Fusco vê-se, então, sozinho para cuidar da revista.

E há ainda as desavenças. Martins Mendes se queixa a Francisco Inácio Peixoto, em carta de 10 de dezembro de 1927:

> Sobre a *Verde*. Nada sei dizer. Fusco e Henrique andam sumidos. Não os procuro. É esquisito. À primeira vista assim o parece. Muito em particular. Cá para nós, o Fusco,

---

[178] *Apud* MENEZES. *Amizade "carteadeira": o diálogo epistolar de Mário de Andrade com o Grupo Verde de Cataguases*, p. 286.

[179] *Apud* MENEZES. *Amizade "carteadeira": o diálogo epistolar de Mário de Andrade com o Grupo Verde de Cataguases*, p. 286.

[180] Ver CATAGUASES. Cataguases, 13 maio 1928, p. 1.

egoísta em excesso e um pouco vaidoso, parece-me que não está gostando de o meu nome figurar na redação da *Verde*. Já percebi. Ele tem recebido cartas dirigidas à *Verde* e colaborações e nada me tem mostrado.[181]

Mesmo a ideia da mudança do formato da revista causou algum tipo de atrito, conforme Ascânio Lopes confessa a Mário de Andrade, em carta de junho de 1928: "Propus ao Fusco, para que não morresse a revista, a diminuição dela em outro formato. [...] O Fusco já fez até o modelo, mas alguns discordam, dizendo que a *Verde* pequena matará a tradição da *Verde* maior. Tolices".[182] Mas talvez a maior confusão tenha sido a provocada por Camilo Soares. Se Oswaldo Abritta teve participação discreta na *Verde* (dois poemas, nos dois primeiros números da revista), e Christophoro Fonte-Bôa, mais ainda (um poema no primeiro número),[183] Camilo Soares vinha, desde os tempos de *Mercúrio*, sobressaindo-se com seu talento, a ponto de ser destacado por Mário de Andrade como um dos "mais interessantes e com possibilidade de ficarem interessantíssimos", junto a Rosário Fusco e Ascânio Lopes.[184] Em carta enviada a Mário de Andrade, em 6 de fevereiro de 1928, Fusco assume o rompimento com Camilo –

---

[181] *Apud* MENEZES. *Amizade "carteadeira": o diálogo epistolar de Mário de Andrade com o Grupo Verde de Cataguases*, p. 236.

[182] *Apud* MENEZES. *Amizade "carteadeira": o diálogo epistolar de Mário de Andrade com o Grupo Verde de Cataguases*, p. 285.

[183] Curiosamente, Christophoro Fonte-Bôa, sempre meteórico, reagrupar-se--ia com os remanescentes do grupo, colaborando em *Leite Criôlo*, com três poemas e dois trechos em prosa, e desaparecendo novamente.

[184] Carta endereçada a Carlos Drummond de Andrade e datada de 21 de janeiro de 1928 (FROTA, Lélia Coelho (Org.). *Carlos & Mário: correspondência completa entre Carlos Drummond de Andrade (inédita) e Mário de Andrade*. Prefácio e notas de Silviano Santiago. Rio de Janeiro: Bem-Te-Vi, 2002. p. 310).

"a briga foi comigo".[185] O motivo teria sido um artigo publicado por Camilo Soares, que ele negou ter escrito, no qual dizia que a família de Fusco era "de décima ordem" e o chamava de "mulato pernóstico". Em carta a Francisco Inácio Peixoto, de 14 de fevereiro de 1928, Camilo tenta se justificar, mas, no meu entender, apenas reafirma seu preconceito (o grifo é meu): "Quero que você me escreva me dizendo o que esse pessoal aí julga que eu tenha feito para estar tão ruim comigo, digo o Henrique porque o Fusco não vale a pena dizer. *A sua origem é o reflexo de sua alma* [...] Te dou a minha palavra de honra que tenho a consciência tranquila. Nada disse e nada fiz que pudesse ofender a turma de Cataguases".[186]

Peixoto, em carta a Guilhermino César, de 5 de maio de 1928, anota:

> Não sei se ele [Camilo Soares] foi sincero quando me jurou que tudo era mentira e invenção do Fusco "aquele mulato que traz na alma o estigma nojento de seus ancestrais"... É besta, não é? O pior é que o Camilinho foi dizer pro Cardillo cobras e lagartos de alguns de nossa turma e o Cardillo acreditou. Foi preciso eu desmentir logo. Pra que o Camilo faz uma coisa feia dessas![187]

Fato é que Camilo Soares, afastado do grupo, nem sequer recebeu convite para participar do número especial de *Verde* em homenagem à memória de Ascânio Lopes.

---

[185] *Apud* MENEZES. *Amizade "carteadeira": o diálogo epistolar de Mário de Andrade com o Grupo Verde de Cataguases*, p. 244.

[186] *Apud* MENEZES. *Amizade "carteadeira": o diálogo epistolar de Mário de Andrade com o Grupo Verde de Cataguases*, p. 244.

[187] *Apud* MENEZES. *Amizade "carteadeira": o diálogo epistolar de Mário de Andrade com o Grupo Verde de Cataguases*, p. 245.

Mas naquele começo de 1928, Rosário Fusco, a "alma do grupo",[188] também estava mudando um pouco o foco de seus interesses. Fusco pensava em publicar um livro desde 1926, quando anunciou *Vinha de Gilead*, "em preparo".[189] Um ano depois, em setembro de 1927, refutados aqueles primeiros poemas de cunho simbolista, divulgava o lançamento para breve de *Verde*, "20 e 4 poemas modernos", de um poeta "de uma sensibilidade estranha e fina", segundo Martins Mendes[190] – projeto igualmente abandonado. Logo em seguida, em dezembro, a revista *Verde* n. 4 trazia a apresentação escrita por Mário de Andrade para outro livro de Fusco, *Codaque*, "a sair brevemente", "um mapa caridoso e sugestivo"[191] – outro projeto falhado.[192] Fusco iria mesmo estrear apenas em um livro coletivo, *Poemas cronológicos*, primeiro título da Editora Verde, reunindo textos dele, Henrique de Resende e Ascânio Lopes, divulgado naquele mesmo número da *Verde* como "coisa barata e boa" a sair "por estes dias", em editorial assinado por Henrique de Resende: "Depois virá o livro de Francisco Peixoto. E logo em seguida

---

[188] Francisco Inácio Peixoto *apud* ROMANELLI. *A Revista Verde: contribuição para o estudo do modernismo brasileiro*, p. 198.

[189] MERCÚRIO. Cataguases, ano II, n. 14, 29 out. 1926, [s.p.].

[190] VERDE. Cataguases, n. 1, set. 1927, p. 29.

[191] VERDE. Cataguases, n. 4, dez. 1927, p. 10.

[192] Fusco publicou três dos poemas-codaque ("Juiz de Fora", "Paisagem n. 2", "Rio de Janeiro") no número 2 da revista *Verde* (out. 1927, p. 16), claramente inspirados em *Kodak*, do poeta francês Blaise Cendrars, lançado em 1924. Mário de Andrade comentou-os em artigo "Da metáfora" (*Diário Nacional*, São Paulo, 20 nov. 1927, p. 9). Cendrars chegou a escrever um poema-homenagem ao grupo Verde, "Aux jeunes gens de Catacazes", publicado no número 3 da revista *Verde* (nov. 1927, p. 11), que serve de pórtico para sua obra completa, *Du monde entier* (Paris: Denoel, 1957). O número 5 da revista *Verde* ainda trouxe anúncio de *Codaque*, de Rosário Fusco, livro de vistas (jan. 1928, p. 2).

Martins Mendes e Guilhermino César, conjuntamente, editarão vinte poemas.[193] É que em Minas o espírito moderno se tem demonstrado apenas por meio de revistas efêmeras e jornais de diminuta procura. Embora partindo de nós, achamos que o exemplo merece consideração especial".[194]

As palavras finais do editorial de Henrique de Resende comentam, quase literalmente, o pensamento de Mário de Andrade sobre a necessidade de publicação em livro dos trabalhos dos grupos.[195] Em carta de 7 de fevereiro de 1927, Carlos Drummond de Andrade anunciava a Mário de Andrade a publicação de uma *Antologia dos 4 poetas mineiros* (João Alphonsus, Pedro Nava, Emílio Moura e ele),[196] que, embora deixasse o amigo exultante, nunca saiu.[197] Quase um ano depois, no dia 2 de janeiro de 1928, Drummond explicava que, como a ideia da antologia encalhara, estava procurando editor para um livro individual[198] – uma das

---

[193] Na verdade, depois de *Poemas cronológicos*, saíram, ainda em 1928, *Meia-pataca*, reunindo Francisco Inácio Peixoto e Guilhermino César, e, em 1929, os livros solo *Fruta do conde*, de Rosário Fusco, e *Treze poemas*, de Martins Mendes.

[194] RESENDE. Verde, Poemas cronológicos e Outros poemas, p. 7.

[195] "Os rapazes da *Verde* tiveram o bom gosto de se fazerem em livro. [...] Essa história da gente ficar poeta bom nas revistas é tão vago, tão diluído, tão sem corpo!..." (ANDRADE, Mário de. Livros. *Diário Nacional*, São Paulo, 15 abr. 1928, p. 11).

[196] FROTA (Org.). *Carlos & Mário: correspondência completa entre Carlos Drummond de Andrade (inédita) e Mário de Andrade*, p. 270.

[197] Embora nota na Revista de Antropofagia (São Paulo, n. 2, jun. 1928, p. 6) anunciasse que a Antologia de 4 poetas mineiros estava no prelo, Drummond confessava desanimado, em 10 de julho de 1928, que as provas do livro estavam na gaveta, porque "o linotipista tinha errado tudo, sendo preciso compor tudo outra vez" (FROTA (Org.). Carlos & Mário: correspondência completa entre Carlos Drummond de Andrade (inédita) e Mário de Andrade, p. 326).

[198] FROTA (Org.). *Carlos & Mário: correspondência completa entre Carlos Drummond de Andrade (inédita) e Mário de Andrade*, p. 305.

possibilidades que estudava era a proposta feita por Rosário Fusco, em carta datada de 22 de dezembro de 1927: "Por que você não edita também seu livrinho aqui, Carlos amigo? Um volume de setenta páginas, bom papel, 480$000 (quinhentos exemplares). Ponha reparo no preço pense nisso e escreva".[199] Mário de Andrade se entusiasmou com essa possibilidade:

> Acho que você deve pegar a oferta do pessoal de Cataguases imediatamente. O livro fica baratíssimo, muitíssimo mais barato que aqui, é ua mina. Mande imediatamente fazer. Escolha bem os poemas hein! Não sei qual o projeto do livro porém os poemas que você publicou na *Verde* e aquele do "No meio do caminho tinha uma pedra", tão impressionantes e originais todos, acho que ficam bem no livro, não esqueça deles. Mande contar qual é o índice do livro pra eu ir gozando. E mande mesmo fazer logo pra sair logo.[200]

Drummond discutiu bastante esse projeto com Mário de Andrade, mostrando hesitação entre um volume intitulado *Minha terra tem palmeiras*,[201] composto por "poemas mais caracteristicamente brasileiros", ou outro, "meio fantasista, meio caprichoso, chamado (só para inquizilar)

---

[199] *Apud* FROTA (Org.). *Carlos & Mário: correspondência completa entre Carlos Drummond de Andrade (inédita) e Mário de Andrade*, p. 312, nota 18.

[200] FROTA (Org.). *Carlos & Mário: correspondência completa entre Carlos Drummond de Andrade (inédita) e Mário de Andrade*, p. 309.

[201] O volume *Minha terra tem palmeiras* continha 62 poemas, entre os quais 23 dos que comporiam *Os 25 poemas da triste alegria*, só publicado postumamente (edição de Antonio Carlos Secchin. São Paulo: Cosac Naify, 2012), 20 que seriam aproveitados, com modificações, em *Alguma poesia*, em 1930, e 19 rejeitados e desaparecidos.

Pipiripau"[202] – no final engavetou ambos. Ele só estrearia em livro em 1930 com *Alguma poesia*, publicado pelo selo Pindorama, de Belo Horizonte, pequena editora de Eduardo Frieiro, pago com dinheiro do próprio bolso.

A ideia de publicar o livro de Drummond não se concretizou, mas as atividades da Editora Verde correram paralelamente à produção da revista. Em março de 1928 saiu o primeiro livro, *Poemas cronológicos*, reunindo nove poemas de Henrique de Resende, 10 de Rosário Fusco e 10 de Ascânio Lopes; em junho, *Meia-pataca*, com 15 poemas de Guilhermino César e 11 de Francisco Inácio Peixoto – no mesmo mês, circulou o quinto e derradeiro número da revista. Em janeiro de 1929, Fusco finalmente lança um livro individual, *Fruta do conde*, e, em março, Martins Mendes publica o último título da editora, *Treze poemas*.

No dia 10 de janeiro de 1929, morre Ascânio Lopes, levando o grupo a se reorganizar para prestar uma homenagem ao amigo,[203] na forma de uma edição especial da *Verde*, numerada como 1 da segunda fase, posta em circulação em maio, totalmente subsidiada, já que não conta com anúncios, a não ser de A Brasileira, empresa encarregada da impressão da revista.[204] Em 1939, Guilhermino César assim se pronunciaria:

> Nesse ínterim, aconteceram-nos muitas coisas desagradáveis. A vida, carregada de intenções misteriosas, começou

---

[202] FROTA (Org.). *Carlos & Mário: correspondência completa entre Carlos Drummond de Andrade (inédita) e Mário de Andrade*, p. 315-316.

[203] Com a ausência de Christophoro Fonte-Bôa, Oswaldo Abritta e Camilo Soares.

[204] Estranhamente, a revista inscreve na capa, de forma errônea, as datas de nascimento e morte de Ascânio Lopes como 1907-1928, quando o certo é 1906-1929.

a brincar conosco. Ascânio Lopes morreu logo depois, tendo-nos deixado uma produção lírica realmente notável. A morte do companheiro não arrefeceu de todo o nosso entusiasmo. A revista ainda aguentou um número, publicado em sua homenagem. [...] E um dia morreu, por falta de dinheiro. A distribuição era difícil, os anúncios, quiméricos, e a vida nos solicitava para o trabalho do ganha-pão.[205]

A quebra da Bolsa de Valores de Nova York, em 24 de outubro de 1929, mudou o quadro econômico mundial, e suas desastrosas consequências aceleraram a configuração de uma situação favorável à deposição do presidente Washington Luís, ocorrida exatamente um ano depois, em 24 de outubro de 1930, por meio de um golpe de Estado civil-militar. O modernismo literário, que teve sua fase radical ou doutrinária ao longo da década de 1920, mostraria, nos conturbados anos subsequentes, um caráter bem menos inovador. Deixam de existir os grupos organizados em torno de revistas e manifestos, e os escritores partem para o desenvolvimento de obras individuais. A Revolução de 1930, que guindou ao poder Getúlio Vargas, foi a vitória do pensamento liberal conservador, que, contrariando os interesses dos cafeicultores paulistas, intentava implementar relações sociais mais progressistas, apoiados no exercício de uma política de viés autoritário. Mário de Andrade, em seu lúcido balanço sobre a Semana de Arte Moderna, afirma que "é justo pôr esta data de 1930, que principia para a Inteligência brasileira uma fase mais calma, mais modesta e quotidiana, mais proletária, por assim dizer, de construção".[206]

---

[205] PEDROSA, Milton. Em Minas: Guilhermino César. *Vamos Ler!*, Rio de Janeiro, 14 set. 1939, p. 10.

[206] ANDRADE, Mário de. *O movimento modernista*. Rio de Janeiro: Casa do Estudante do Brasil, 1942. p. 43.

Aqui acaba a história da *Verde*. Cumprida sua função, a de servir como órgão de divulgação das novas ideias modernistas num momento em que praticamente não havia um canal de expressão adequado nos grandes centros, a revista já não tinha mais razão de existir. Ainda em Cataguases, Rosário Fusco tentou dar vazão ao seu dinamismo:

> À margem do movimento, [organizei] promoções tais como exposições de pintura (Aníbal Mattos, Del Pino Júnior), recitais de poesia folclórica nordestina (Leonardo Motta, etc), conferências de Antonio Ferro […], visitas promocionais […] de Ary Barroso, Sílvio Caldas, Lamartine Babo, Sônia Barreto, Zaira Cavalcanti; mas sobretudo a fundação de uma livraria ("Itinerário") e publicação de jornal do mesmo nome com apêndice da editora Spínola & Fusco.[207]

A editora, em sociedade com José Spínola Santos, publicou três títulos: *Revolução contra a imprensa*, de Dionísio Silveira, e *Pela reforma social* e *Contra-revolução espiritual*, de Tristão de Athayde – Fusco havia se aproximado, nessa época, de Athayde, chegando mesmo a abrir em Cataguases uma filial do Centro Dom Vital, instituição leiga conservadora, ligada à Igreja católica. O quarto título publicado pela Spínola & Fusco seria um livro de Mário de Andrade, conforme correspondência de 25 de fevereiro de 1932:

> Faremos uma edição de 1000 Malazartes e partiremos os lucros da venda – descartada a edição e material de propaganda. Agora, os livros que você precisar serão descontados na parte do lucro que tocar pra você. – Pode

---

[207] FUSCO. *Verde porque tudo era verde*, p. 1-2.

mandar os originais que logo começaremos a composição. As provas irão à medida que a composição caminhar, é grande o livro?

Acho conveniente ajeitar a coisa para dar, *no máximo*, 200 páginas – em papel – 24 kg.

Temos conversado. Escreva falando mais qualquer coisa e mande os originais.[208]

Entretanto, Mário desistiu, devido à deflagração da Revolução Constitucionalista, em 9 de julho de 1932, liderada por São Paulo, que pedia a derrubada de Getúlio Vargas, e que terminou em 4 de outubro, com a derrota dos paulistas. Em carta de 15 de novembro, Mário assim se justifica:

> A verdade é um Brasil que historicamente se levantou contra S. Paulo. E o momento dessa verdade é que os paulistas têm que sofrer todas as consequências dessa realidade. E entre as consequências está o coração magoado e a altivez desesperadamente ferida. Só e exclusivamente por isso não me ficara bem publicar um livro no Brasil agora. Sentindo a pulsação da minha gente, incorrendo necessariamente nessa pulsação, recusando me isolar egoisticamente no individualismo do intelectual por ser confundível no momento com a psicologia do *viveur*, do aproveitador, do traidor ou de qualquer outro gênero de semvergonhice, não posso encarar a publicação dum livro meu agora no Brasil, senão como traição. E não posso negar que essa publicação feita em Minas, no Rio Grande, ou em Pernambuco, agravaria aos olhos da minha gente, a feiúra da traição. Só por isso,

---

[208] *Apud* MENEZES. *Amizade "carteadeira": o diálogo epistolar de Mário de Andrade com o Grupo Verde de Cataguases*, p. 310.

acredite, é que retiro o livro. E retiro tristemente por fazer isso a vocês, meus amigos, gente boa.[209]

O livro, reunião de textos publicados sob a epígrafe de *Chronicas de Malazarte* na revista *América Brasileira: Resenha da Vida Nacional*, entre outubro de 1923 e maio de 1924, acabou lançado em 1934 pela Editora Piratininga, de São Paulo, com o título de *Os contos de Belazarte*.

Enfim, Fusco segue para o Rio de Janeiro, apadrinhado por José Américo de Almeida, então ministro da Viação e Obras Públicas, ainda naquele 1932, mesmo ano em que Henrique de Resende também se muda de vez para a capital da República, onde se torna funcionário público federal. Em sentido contrário, na mesma época, regressam para Cataguases Martins Mendes, como promotor de justiça, e Francisco Inácio Peixoto, para assumir funções nas empresas da família. Guilhermino César encontrava-se em Belo Horizonte e de lá seguiria, em 1943, para Porto Alegre. Oswaldo Abritta e Camilo Soares perambulavam pelo interior de Minas Gerais, aquele como juiz, este como advogado; e Christophoro Fonte-Bôa se preparava para deixar Belo Horizonte e estabelecer-se em definitivo em Juiz de Fora.[210]

Surpreendentemente, o mais ranzinza dos verdes, Francisco Inácio Peixoto, crítico ácido de Cataguases – "essencialmente uma cidade burra" – e da revista – "uma porcaria", cujo interesse é "apenas folclórico"[211] – quis, no início

---

[209] *Apud* MENEZES. *Amizade "carteadeira": o diálogo epistolar de Mário de Andrade com o Grupo Verde de Cataguases*, p. 311.

[210] Ver Anexo B.

[211] *Apud* ROMANELLI. *A Revista Verde: contribuição para o estudo do modernismo brasileiro*, p. 197.

da década de 1940, ressuscitar a *Verde*. "Eu tentei revivê-la tanto que tenho aí uma soma de artigos de colaboração inédita de Erico Veríssimo e de muitos outros".[212] Peixoto desejava lançar o primeiro número da terceira fase da revista em janeiro de 1941, conforme correspondência endereçada a Guilhermino César, datada de 15 de outubro de 1940.[213] Para isso, envolveu outros membros do grupo original. Em 12 de novembro de 1940, Rosário Fusco envia carta para ele:

> Ainda ontem falei com o Enrique [de Resende] sobre a *Verde*. Com os possíveis colaboradores também falei ([Augusto] Meier, Mário de Andrade, Orris Soares, Astrojildo Pereira, Jorge de Lima, etc) a todos, ao que pude concluir, estão dispostos a escrever. O que me parece esquisito é não dispormos, mesmo agora, de início, de um pequeno capital para pagar as colaborações. Os tempos são diferentes [...] Todos eles estão acostumados [...] a receber pelo que escrevem, de modo que, depois de dizer que escrevem, perguntam sistematicamente se as colaborações serão pagas. [...] Já fiz o plano (espelho) da revista e lhe mandarei antes do fim de semana [...].[214]

Mas o projeto não deslancha. Em carta datada de 13 de novembro de 1941, Peixoto mostra-se irritado com o desinteresse de Guilhermino César: "Como ofensa, basta esse longo silêncio para o qual não encontro justificativa

---

[212] *Apud* ROMANELLI. *A Revista Verde: contribuição para o estudo do modernismo brasileiro*, p. 206.

[213] PEIXOTO, Lina Tâmega. Cartas de amizade: encontros de Guilhermino César e Francisco Inácio Peixoto. *In*: CAMPOS (Org.). *Guilhermino César: memória e horizonte*, p. 125.

[214] *Apud* MENEZES. *Amizade "carteadeira": o diálogo epistolar de Mário de Andrade com o Grupo Verde de Cataguases*, p. 289.

de modo algum, qualquer justificativa. E não sei mesmo como interpretá-lo, depois da comunicação que lhe fiz do registro de *Verde* e ao que havíamos combinado sobre o ressurgimento da dita".[215]

As conversas, parece, continuaram anos afora. Em correspondência de Guilhermino César para Peixoto, datada de 14 de março de 1945, a ideia já é outra: "É melhor que façamos o fabuloso n. comemorativo de *Verde*".[216] Em 1977, pensando talvez em comemorar o cinquentenário da revista, Guilhermino cogita em uma edição fac-similar da revista, conforme carta de 6 de junho: "Andei perguntando aos editores de cá, fiz cálculos, e cheguei à conclusão de que a coisa não ficará muito dispendiosa. Será uma vergonha que os grandes industriais daí não nos façam essa reverência".[217] Em outra carta, sem data, mas de 1978, Guilhermino comunica que José Mindlin, ex-secretário de Estado de Cultura, Ciência e Tecnologia de São Paulo, iria concretizar o projeto, por meio do patrocínio da Metal Leve, empresa da qual era um dos diretores. "[José Mindlin] esteve aqui em casa e me pediu que escrevesse algo para a reedição, que pretende fazer, da *Verde*. Fiz corpo mole. E disse a ele que só o faria se V. também escrevesse a respeito. [...] Quer o Mindlin [...] que nós dois escrevamos alguma coisa. Disse-me que os fotolitos já estão prontos".[218]

---

[215] PEIXOTO. *Cartas de amizade: encontros de Guilhermino César e Francisco Inácio Peixoto*, p. 125-126.

[216] PEIXOTO. *Cartas de amizade: encontros de Guilhermino César e Francisco Inácio Peixoto*, p. 126.

[217] *Apud* MENEZES. *Amizade "carteadeira": o diálogo epistolar de Mário de Andrade com o Grupo Verde de Cataguases*, p. 305.

[218] *Apud* MENEZES. *Amizade "carteadeira": o diálogo epistolar de Mário de Andrade com o Grupo Verde de Cataguases*, p. 305.

Peixoto nunca escreveu o texto, ou melhor, escreveu um pequeno depoimento, que Guilhermino César incorporou à apresentação à edição, lançada naquele ano de 1978,[219] mas, mais tarde, em carta a Lina Tâmega Peixoto, ele lamentaria a decisão: "Digo hoje que me arrependo de não haver aceito a incumbência de apresentar a *Verde* facsimilada. [...] Na ocasião tinha uma espécie de bloqueio. Hoje me arrependo. Sempre desejei comunicar certas coisas. [...] Seria, como me incriminou Guilherme [Guilhermino César], a voz da negação? De modo algum".[220]

O arrependimento de Francisco Inácio Peixoto talvez fosse pela consciência de que, independentemente de seu juízo, a revista *Verde* já então fazia parte da história do modernismo brasileiro.

---

[219] Ver CÉSAR. *Os verdes da Verde*, [s.p.].

[220] PEIXOTO. *Cartas de amizade: encontros de Guilhermino César e Francisco Inácio Peixoto*, p. 126.

ANEXO A
Breve biobibliografia do grupo Verde

Em engraçadíssima história, Rosário Fusco contou, a José Condé, como os membros do grupo que publicou a revista *Verde* definiram seus nomes literários "por influência de certo corretor de seguros, com quem mantínhamos, deslumbrados, noturnos entendimentos sobre almas do outro mundo".

O cidadão, estrangeiro na comarca, era professor de ciências ocultas, lia mão, botava cartas e consertava vidas pela numerologia: menos uma letra, mais uma letra, menos um nome, mais um nome, e o destino se amoldando, passivamente, aos desejos de cada um. [...] A numerologia decidiu, uma noite, no Café do Fonseca, onde nos reuníamos para a farra. [...] E um progrom de sobrenomes caíram".[221]

Ei-los, perfilados.

HENRIQUE DE RESENDE
(Cataguases, MG, 1899 – Rio de Janeiro, RJ, 1973)

Nascido Henrique Vieira de Rezende, na Fazenda do Rochedo, berço dos seus antepassados, fundadores do

---

[221] CONDÉ, José. Arquivos implacáveis. Confissões. *O Cruzeiro*, Rio de Janeiro, 30 jan. 1954, p. 21.

município de Cataguases, ainda teve preceptor francês, *monsieur* Aristides Fréderic Viot. Aos 13 anos, o pai matriculou-o no internato do Colégio Anglo-Brasileiro, do Rio de Janeiro, e aos 15 anos transferiu-o para o Externato Aquino, ainda na capital da República. Em 1915, estava em Ouro Preto estudando matemática para os preparatórios à Escola de Minas, mas acabou se formando em Engenharia Civil pela Faculdade de Engenharia de Juiz de Fora, em 1924. Regressou para Cataguases, engajando-se como engenheiro-ajudante da The Leopoldina Railway Company, desligando-se em 1927 para construir estradas de rodagem para o governo mineiro. Em 1932, mudou-se para o Rio de Janeiro, onde foi secretário-geral do Departamento Federal de Compras, cargo no qual se aposentou. Em 1923, publicou, às próprias expensas, o livro de poemas simbolistas *Turris eburnea*, e em 1927 ficou em quarto lugar no concurso de Príncipe dos Poetas Mineiros, inquérito patrocinado pelo *Diário de Minas*, de Belo Horizonte, obtendo 6.357 votos. Em 1966, foi eleito para a Academia Mineira de Letras. Mário de Andrade considerava Henrique de Resende "incontestavelmente poeta",[222] embora Carlos Drummond de Andrade desconfiasse da sinceridade de sua adesão ao modernismo,[223] posição encarnada em comentário de Tristão de Athayde, que asseverava que a poesia de Henrique de Resende era "continuadora natural da lira do 'pobre Alphonsus' [de Guimaraens]",[224] portanto, herdeira direta do simbolismo, o que, aliás, ele nunca rechaçou.

---

[222] DIÁRIO NACIONAL. São Paulo, 15 abr. 1928, p. 11.

[223] Carta endereçada a Mário de Andrade e datada de 2 de janeiro de 1927 (FROTA (Org.). *Carlos & Mário: correspondência completa entre Carlos Drummond de Andrade (inédita) e Mário de Andrade*, p. 306).

[224] Ver FONSECA, José Paulo Moreira da. Quadrante de poesia. Rosa dos ventos. *Correio da Manhã*, Rio de Janeiro, 16 nov. 1957, p. 10.

Poemas

Turris eburnea. São Paulo: Monteiro Lobato, 1923.

Poemas cronológicos. Cataguases: Verde, 1928 (com Rosário Fusco e Ascânio Lopes).

Cofre de charão. Rio de Janeiro: Renato Americano, 1933.

Rosa dos ventos. Rio de Janeiro: Imprensa Nacional; MEC, 1957.

A derradeira colheita. Rio de Janeiro: J. Ozon, 1964.

Obras completas: Rio de Janeiro: Olímpica, 1977.

Ensaios e memórias

Retrato de Alphonsus de Guimaraens. Rio de Janeiro: José Olympio, 1938.

Rio de Janeiro: Ministério da Educação e Saúde, 1953.

Pequena história sentimental de Cataguases. Belo Horizonte; São Paulo: Itatiaia, 1969.

Estórias e memórias. Rio de Janeiro: Olímpica, 1971,

Páginas mineiras. Inédito.

Livros técnicos

O órgão centralizador das compras e sua legislação. Rio de Janeiro: Imprensa Nacional, 1944.

Cálculo de estrutura de cimento armado. Inédito.

(Antônio) MARTINS MENDES
(Cataguases, MG, 1903 – Rio de Janeiro, MG, 1980)

Estudou no Ginásio Municipal de Cataguases, formando-se em Direito pela Universidade do Rio de Janeiro, em 1929. Voltou para sua cidade natal, onde, a partir de 1933, e durante 32 anos, foi promotor de Justiça e, paralelamente, professor de diversas disciplinas no Ginásio

Municipal, depois Colégio Cataguases. Sua atividade literária resume-se à época da revista *Verde*.

Treze poemas. Cataguases: Verde, 1928.

ASCÂNIO (Quatorzevoltas) LOPES
(Ubá, MG, 1906 – Cataguases, MG, 1929)

Embora nascido em Ubá, cidade distante 55 quilômetros, Ascânio Lopes foi levado aos 5 meses de idade, por seus pais adotivos, para Cataguases, onde passou a infância e a adolescência. Em 1925, transferiu-se para Belo Horizonte para estudar Direito na Universidade de Minas Gerais, enquanto trabalhava como funcionário da Secretaria de Estado do Interior. Participou ativamente da fundação da revista *Verde*, publicando poemas, fragmentos de uma novela, resenhas e ensaios críticos. Deixou obra pequena, mas bastante elogiada: Mário de Andrade o considerava "o mais forte desse pessoal";[225] Alcântara Machado declarou que "o pouquinho que Ascânio escreveu dá de sobra para a gente lastimar o que deixou de escrever";[226] e Carlos Drummond de Andrade assim o retratou: "bom funcionário, mau estudante, bom poeta".[227] "Sua poesia evoca o ambiente de infância, a vida familiar e burguesa, a decadência rural e a mesmice municipal", definiu Mário da Silva Brito,[228] enquanto Waltensir Dutra e Fausto

---

[225] FROTA (Org.). *Carlos & Mário: correspondência completa entre Carlos Drummond de Andrade (inédita) e Mário de Andrade*, p. 328.

[226] MACHADO, Alcântara. Ascânio Lopes. *Revista de Antropofagia*, São Paulo, n. 10, fev. 1929, p. 1.

[227] ANDRADE. Dois poetas mortos em Minas Gerais, p. 53.

[228] BRITO, Mário da Silva. *Poesia do modernismo*. Rio de Janeiro: Civilização Brasileira, 1968. p. 107.

Cunha afirmam que "o exame de seus poemas deixa entrever a possibilidade de que viesse a formar ao lado de Drummond, como representante do mesmo 'espírito mineiro' e como poeta de primeira categoria".[229] Em vida, Ascânio participou com 10 textos na coletânea *Poemas cronológicos*. Delson Gonçalves Ferreira reuniu seus inéditos em *Ascânio Lopes*, lançado em 1967, e, em 2005, organizei sua obra completa e fortuna crítica em *Ascânio Lopes: todos os caminhos possíveis*.

Poemas

Poemas cronológicos. Cataguases: Verde, 1968 (com Enrique de Resende e Rosário Fusco).

Ascânio Lopes: vida e poesia (por Delson Gonçalves Ferreira). Belo Horizonte: Difusão Pan-Americana do Livro, 1967.

Obra completa

Ascânio Lopes: todos os caminhos possíveis. Organização, apresentação e notas de Luiz Ruffato. Cataguases: Instituto Francisca de Souza Peixoto, 2005.

CHRISTOPHORO FONTE-BÔA
(São Gotardo, MG, 1906 – Juiz de Fora, MG, 1993)

São mínimas as informações a respeito do autor. Advogado e jornalista, trabalhou como redator no *Diário de Minas*, em Belo Horizonte, e no *Diário Mercantil*, em Juiz de Fora. Sua atividade literária se reduz a um poema publicado no jornal *Cataguases*, outro no número inaugural da

---

[229] DUTRA, Waltensir; CUNHA, Fausto. *Biografia crítica das letras mineiras*. Rio de Janeiro: Ministério da Educação e Cultura; Instituto Nacional do Livro, 1956. p. 115.

revista *Verde* e ainda três poemas e dois pequenos textos em prosa em *Leite Criôlo*, em 1929.

OSWALDO ABRITTA
(Cataguases, MG, 1908 – Carandaí, MG, 1947)

Nascido no distrito de Cataguarino, estudou no Ginásio Municipal de Cataguases. Em 1928 estava em Belo Horizonte, onde se formou em Direito, na Universidade de Minas Gerais, em 1932. Ingressou na magistratura, exercendo as funções de juiz de direito em pequenas cidades do interior de Minas Gerais (Itapecerica, Guarani e Carandaí, onde morreu). Embora tenha escrito muito, principalmente artigos em jornais abordando os mais diversos assuntos, permaneceu inédito em vida. Somente em 1999 teve publicado *Versos de ontem e de hoje*, reunião de 113 poemas, volume datado de 1931. Teria deixado ainda um livro inédito, *Crepusculares*, que chegou a ser comentado por Rosário Fusco,[230] mas não localizado por seu filho, Luiz Carlos Abritta.[231]

Versos de ontem e de hoje. Belo Horizonte: Speed, 1999.

GUILHERMINO CÉSAR (da Silva)
(Eugenópolis, MG, 1908 – Porto Alegre, RS, 1993)

Em 1910, a família mudou-se para Tebas, então distrito de Leopoldina (MG), onde o pai, além de farmacêutico, manteve uma tipografia que imprimia jornais, praticamente

---

[230] VERDE. Cataguases, n. 3, nov. 1927, p. 24.
[231] ABRITTA, Luiz Carlos. *Um homem plural: a vida de Oswaldo Abritta*. Belo Horizonte: Sografe, 2008. p. 23.

todo redigidos por ele.[232] Foi aluno de cursos particulares até 1919, quando a família transferiu-se para Cataguases, terminando os estudos no Ginásio Municipal. Em 1927 mudou-se para Belo Horizonte, onde, após iniciar e abandonar o curso de Medicina, formou-se em Direito, na Universidade de Minas Gerais, em 1932. Em 1930, assume o cargo de auxiliar de gabinete de Mário Casassanta, diretor da Imprensa Oficial de Minas Gerais, passando em 1934 a oficial de gabinete da Secretaria de Estado do Interior e posteriormente à chefia de gabinete do Chefe de Polícia de Belo Horizonte, Ernesto Dornelles. Paralelamente, exerce o magistério e ajuda a fundar a Faculdade de Filosofia, Ciências e Letras de Minas Gerais, tornando-se seu diretor entre 1941 e 1943. Em 1943, acompanha Ernesto Dornelles, nomeado interventor federal no Rio Grande do Sul, como seu chefe de gabinete, e estabelece-se em definitivo em Porto Alegre (RS). Naquele estado, será ministro do Tribunal de Contas e secretário da Fazenda – e, a partir de 1944, ingressa, como professor catedrático, na Faculdade de Filosofia, Ciências e Letras da Universidade do Rio Grande do Sul. Aceita convite para lecionar na Universidade de Coimbra, em Portugal, durante os períodos de 1962 a 1965 e 1968 a 1970. Em 1978, aposenta-se como professor titular de Literatura Brasileira da Universidade Federal do Rio Grande do

---

[232] José César da Silva foi um entusiasta da carreira do filho. Inventor do Vermicida César, "o melhor de todos os lombrigueiros e o mais próprio para as crianças", ajudou a financiar as aventuras literárias de Guilhermino César, tanto no jornal *Mercúrio* quanto na revista *Verde*. "Meu pai anunciava [...] lá [na *Verde*]. Esse era talvez o anúncio dado com mais amor porque era o anúncio que o meu pai dava vendo que o filho publicava lá. [...] Meu pai ajudou uma vez a botar um dinheirinho lá [...]" (*apud* ROMANELLI. *A Revista Verde: contribuição para o estudo do modernismo brasileiro*, p. 217).

Sul. Teve prolífica atividade jornalística, desde os tempos de Cataguases e Belo Horizonte, tendo sido cronista semanal no Caderno de Sábado do jornal *Correio do Povo*, de Porto Alegre, por 10 anos, a partir de 1971. Além da revista *Verde*, fundou outro periódico modernista, *Leite Criôlo*, lançado como tabloide no dia 13 de maio de 1929, e que circulou semanalmente como suplemento do jornal *Estado de Minas*, entre 2 de junho e 29 de setembro de 1929. Em 1940, foi eleito para a Academia Mineira de Letras. Sua atividade intelectual inclui vastíssima obra, entre poesia, ficção, crítica e ensaios literários,[233] da qual *História da literatura do Rio Grande do Sul*, publicada em 1956, é referência obrigatória. Sua obra poética, édita e inédita, está compilada em *Cantos do canto chorado*, organizada por Tânia Franco Carvalhal. Seu grande admirador, em duas ocasiões Carlos Drummond de Andrade dedicou-lhe poemas: o belíssimo "Sequestro de Guilhermino César" e "A volta de Guilhermino".[234]

Poemas

Meia-pataca. Cataguases: Verde, 1928 (com Francisco Inácio Peixoto).

Lira coimbrã & Portulano de Lisboa. Coimbra: Almedina, 1965.

Arte de matar. Porto Alegre: Galaad, 1969.

Sistema do imperfeito & Outros poemas. Porto Alegre: Globo, 1977.

Cantos do canto chorado. Porto Alegre: Fundação Paulo do Couto e Silva, 1990

---

[233] Para a bibliografia completa, Ver CAMPOS (Org.). *Guilhermino César: memória e horizonte*, p. 329-361.

[234] Em *Amar se aprende amando* (Rio de Janeiro: Record, 1985) e *Poesia errante* (Rio de Janeiro: Record, 1988), respectivamente.

Romance
Sul. Rio de Janeiro: José Olympio, 1939. Cataguases: Fundação Francisca de Souza Peixoto, 2008 (2ª edição).
O herói dirigido. Inédito.
A chave do abismo. Inédito.[235]

Crônicas (seleções de textos publicados no Caderno de Sábado, do jornal *Correio do Povo*, de Porto Alegre)
Notícia do Rio Grande: literatura. Organização de Tânia Franco Carvalhal. Porto Alegre: Instituto Estadual do Livro; Editora da UFRGS, 1994.
Caderno de Sábado: páginas escolhidas. Organização de Maria do Carmo Campos. Caxias do Sul: Editora da Universidade de Caxias do Sul, 2008.

Ensaios literários
História da literatura do Rio Grande do Sul (1737-1902). Porto Alegre: Globo, 1956.
Porto Alegre: Globo, 1971.
Porto Alegre: Corag, 2006.
Fundamentos da cultura rio-grandense. Porto Alegre: Editora da URGS, 1957.
O embuçado do erval: mito e poesia de Pedro Canga. Porto Alegre: Faculdade de Filosofia da UFRGS, 1968.
O "brasileiro" na ficção portuguesa: o direito e o avesso de uma personagem-tipo. Lisboa: Parceria A.M. Pereira, 1969.

---

[235] Ver BRETAS, Moacyr. Alguns momentos com Guilhermino César. *Vamos Ler!*, Rio de Janeiro, 19 mar. 1942, p. 52.

Ensaios historiográficos
História do Rio Grande do Sul: período colonial. Porto Alegre: Globo, 1970
O estado do Rio Grande do Sul. Rio de Janeiro: Bloch, 1976.
O contrabando no sul do Brasil. Caxias do Sul: Universidade de Caxias do Sul, 1978.
O conde de Piratini e a estância da música: administração de um latifúndio rio-grandense em 1832. Caxias do Sul; Porto Alegre: Universidade de Caxias do Sul; Instituto Estadual do Livro, 1978.
Origens da economia gaúcha: o boi e o poder. Porto Alegre: Instituto Estadual do Livro; Corag, 2005.

CAMILO SOARES (de Figueiredo Júnior)
(Eugenópolis, MG, 1909 – São Paulo, SP, 1982)

Aos 17 anos, encontra-se em Cataguases estudando no Ginásio Municipal, onde participa intensamente das atividades do Grêmio Literário Machado de Assis e de todas as iniciativas culturais da cidade, incluindo a fundação da revista *Verde*. Em 1928, mudou para Juiz de Fora, e, em seguida, para o Rio de Janeiro, onde se formou em Direito, na Universidade do Rio de Janeiro, em 1934. Entre 1935 e 1944, advoga em Manhumirim (MG). Segue para Belo Horizonte, onde se emprega como inspetor de ensino superior, até que consegue transferência, em 1951, para São Paulo, onde se estabelece em definitivo.[236] Lá, além de funcionário público federal,

---

[236] Luiz Gonzaga da Silva, em sua dissertação de mestrado *Camilo Soares e o Grupo Verde: o resgate de sua atuação nos limites da sua poesia* (Juiz de Fora: Centro de Ensino Superior, 2000), afirma, às páginas 103 e 104, que a transferência de Camilo Soares para São Paulo, como inspetor de ensino superior, ocorreu por conta da intercessão de Carlos Drummond

trabalhou como redator da *Enciclopédia Jackson* e repórter de *A Época*, além de manter intensa colaboração literária com as revistas *Manchete* e *Leitura*. Em vida, publicou apenas um livro, *O soldado Nicolau*, reunião de 49 poemas, mas, segundo levantamento de Luiz Gonzaga da Silva,[237] deixou mais de uma dezena de originais inéditos, entre volumes prontos em prosa de ficção (*Rio Tonto*, contos; *Ermida*, romance[238]) e poesia (*As viagens, Diorama para Bueri, Teoremas para Edmor*), além de mais de uma centena de poemas manuscritos e dezenas de contos esparsos na imprensa. Há ainda a anotar o estranho caso da coletânea de contos intitulada *O anjo amarelo*, publicada por Roberto Simões, em 1957, e denunciada como plágio à União Brasileira dos Escritores, à época presidida por Sergio Milliet. Após longa e minuciosa sindicância, a entidade emitiu parecer favorável a Camilo Soares, em 7 de fevereiro de 1958, assinado por Antônio Guilherme Galliano e Ricardo Ramos, em que pedem a apreensão imediata do livro apócrifo e recomendam sua publicação em nome do verdadeiro autor, o que não ocorreu.[239]

---

de Andrade, então chefe de gabinete do ministro da Educação, Gustavo Capanema. Ele se baseia na correspondência trocada entre Soares e Drummond, mas há aqui um equívoco – em 1951, época dos fatos relatados, Capanema havia deixado o cargo de ministro seis anos antes. Mais provável é que Capanema, então líder do Governo Vargas na Câmara dos Deputados, tenha aceitado pedido de Drummond, de quem se mantinha amigo, para facilitar o pedido de Soares no Ministério da Educação.

[237] SILVA. *Camilo Soares e o Grupo Verde: o resgate de sua atuação nos limites da sua poesia*, p. 110-118.

[238] Embora inédito, esse romance é citado como uma das fontes para a elaboração de *Os sertões do Leste: estudo de uma região: a Mata mineira*, de Paulo Mercadante.

[239] Esse fato foi sobejamente divulgado pela imprensa da época. Ver SILVA. *Camilo Soares e o Grupo Verde: o resgate de sua atuação nos limites da sua poesia*, p. 104-106.

O soldado Nicolau. São Paulo: Edições Porta de Livraria, 1970.

FRANCISCO INÁCIO PEIXOTO
(Cataguases, MG, 1909 – Cataguases, MG, 1986)

Filho de uma bem-sucedida família de industriais, foi um "intelectual idealista e humanista"[240] que, após estudar no Ginásio Municipal, em Cataguases, mudou-se, em 1927, para Belo Horizonte, iniciando o curso de Direito na Universidade de Minas Gerais, mas se transferindo no ano seguinte para o Rio de Janeiro, onde acabou por se formar, em 1930. Volta para Cataguases, porém em 1932 já se encontra na capital federal novamente, integrando-se à vida literária da cidade, "entre os polos do Café Lamas e do Café Gaúcho, convivendo com alguns dos principais personagens da geração modernista".[241] Em 1936, após se cansar de aguardar nomeação para o Itamaraty, regressou em definitivo para Cataguases, transformando-a numa espécie de laboratório do modernismo brasileiro. Em 1941, inaugura sua residência, obra arquitetônica com assinatura de Oscar Niemeyer, jardins de Burle Marx, mobiliário de Joaquim Tenreiro e esculturas de Jan Zach e José Pedrosa. Dois anos depois, compra e demole o prédio do antigo Ginásio Municipal e entrega o novo projeto para Niemeyer, concluído em 1948. Naquele mesmo ano, Candido Portinari executou o que, segundo suas próprias palavras, constitui sua obra-prima, o

---

[240] Depoimento das filhas Bárbara e Maria Isabel sobre o pai (*apud* ALMEIDA. *A hora e a vez de Francisco Inácio Peixoto*, p. 107).

[241] BARBOSA, Francisco Assis. Prefácio. *In*: PEIXOTO, Francisco Inácio. *Chamada geral*. Rio de Janeiro: Civilização Brasileira; Instituto Nacional do Livro, 1982. p. 15.

painel *Tiradentes*, de 18 metros de comprimento por 3,20 metros de largura, que retrata a Inconfidência Mineira.[242] Seguindo a linha pioneira inaugurada por Peixoto, outros prédios foram construídos na cidade, emulando a estética modernista: o Educandário Dom Silvério (com painel de Anísio Medeiros e mural de Emeric Marcier), o monumento a José Ignácio Peixoto (com escultura de Bruno Giorgio e azulejos de Portinari), ambas obras do arquiteto Francisco Bolonha; os prédios do Hotel Cataguases (com escultura de Jan Zach, paisagismo de Burle Marx e mobiliário de Joaquim Tenreiro), do Cine-Teatro Edgard e da Paróquia de Nossa Senhora do Carmo, de Aldary Toledo; do prédio de A Nacional, de M. M. M. Roberto; da Igreja-Matriz de Santa Rita de Cássia, de Edgard Guimarães do Vale, com painel de Djanira; e muitas residências pertencentes à alta burguesia da cidade.[243] Além disso, Peixoto introduziu na cidade o gosto da classe média pela pintura moderna, sendo possível encontrar, em coleções particulares, trabalhos de Marie Laurencin, Utrillo, Lurçat, De Chirico, Portinari, Di Cavalcanti, Guignard, Tanguy, Picasso, Toulouse-Lautrec, Borés, Pettoruti, Asselin, Cícero Dias, Djanira, Marcier, Joan Miró, Heitor dos Prazeres, Pancetti, Lasar Segall, Manabu Mabe, Santa Rosa.[244] Grande amigo de

---

[242] Esse mural permaneceu no salão do Colégio Cataguases até 1975, quando foi vendido para o governo do estado de São Paulo, para ornamentar o Palácio dos Bandeirantes. Hoje encontra-se no Salão de Atos do Memorial da América Latina.

[243] Ver ALONSO, Paulo Henrique (Coord.). *Guia da arquitetura modernista de Cataguases*. 2. ed. Cataguases: Instituto Cidade de Cataguases, 2012; CATAGUASES: Guia arquitetônico, turístico e cultural. Cataguases: Fundação Cultural Ormeo Junqueira Botelho, [s.d.].

[244] Ver ROCHA, Andrea. A utopia modernista. *Sagarana*, Belo Horizonte, ano II, n. 8, p. 8-17, [s.d.].

Peixoto, o escritor Marques Rebelo instalou, em 1950, no prédio do Colégio Cataguases, o primeiro museu de arte popular do Brasil, com cerca de 350 peças nacionais e de vários países da América Latina, além do Museu de Belas-Artes. Aliás, num de seus últimos depoimentos, Marques Rebelo lembrou a importância de Peixoto, "quando no Brasil se escrever o estudo do progressismo brasileiro, muito há de se falar nesse personagem pioneiro",[245] fazendo dele um de seus personagens, Francisco Amaro, no romance *O trapicheiro*, primeiro volume de *O espelho partido*.[246] Uma das narrativas breves de Peixoto, "A fuga", está na antologia *Os belos contos da eterna infância*, organizada por Herberto Sales,[247] e também no exaustivo trabalho de Graciliano Ramos, *Contos e novelas*.[248] Além de grande contista que mereceria ter a obra revista, Peixoto foi uma interessante personalidade – ele se dizia "simpatizante do socialismo",[249] tendo mesmo feito questão de conhecer os países da chamada Cortina de Ferro, deixando um relato bastante simpático sobre a ex-URSS e a ex-Tchecoslováquia.[250] Mesmo seus adversários o admiravam. Diretor da Companhia Industrial Cataguases, de propriedade de sua família, Peixoto é lembra-

---

[245] REBELO, Marques. Depoimento. *Ficção*, Rio de Janeiro, n. 1, jan. 1976, p. 71.

[246] São Paulo: Martins, 1959.

[247] Rio de Janeiro: O Cruzeiro, 1948.

[248] Segundo volume: *Leste*. Rio de Janeiro: Casa do Estudante do Brasil, 1957. p. 292-302.

[249] Depoimento das filhas Bárbara e Maria Isabel sobre o pai (*apud* ALMEIDA. *A hora e a vez de Francisco Inácio Peixoto*, p. 108).

[250] Em 1979, 24 anos depois, ele assim se recordava desta viagem: "Estive dois meses transitando pela Cortina de Ferro. Não me chatearam em nada... Pelo contrário, vi coisas fabulosas...". *Apud* RUFFATO, Luiz. O homem, o contista, o viajante, o poeta. *In: Francisco Inácio Peixoto em poesia e prosa*. Cataguases: Instituto Francisca de Souza Peixoto, 2008. p. 27.

do pelo ativista sindical Evaristo Garcia como "um cara tão liberal" que garantia a presença do presidente do sindicato dos trabalhadores, José Rosa Filho, para fazer propaganda contra os patrões dentro da empresa: "O Chico era um homem assim... filósofo. O Zé Rosa chegava até a agredir o doutor Francisco, chamava ele de uma porção de coisa, e ele aturava aquilo".[251] Em 2008, reuni a obra completa de Francisco Inácio Peixoto em livro (poemas, contos e o relato de viagem, *Passaporte proibido*).

Poemas
Meia-pataca. Cataguases: Verde, 1928 (com Guilhermino César).
Erótica. Rio de Janeiro: Imprinta, 1981.
Sucata. Inédito.

Contos
Dona Flor. Rio de Janeiro: Irmãos Pongetti, 1940.
A janela. Rio de Janeiro: Editora do Autor, 1967.
Chamada geral. Rio de Janeiro: Civilização Brasileira, 1982.

Relato de viagem
Passaporte proibido. Rio de Janeiro: Organizações Simões, 1960 (crônica de viagem à URSS e à Tchecoslováquia).

Obra completa
Francisco Inácio Peixoto em prosa e poesia. Organização, apresentação e notas de Luiz Ruffato. Cataguases: Instituto Francisca de Souza Peixoto, 2008.

---

[251] EVARISTO Garcia. *In*: ALONSO (Coord.). *Memória e patrimônio cultural de Cataguases*, v. 2. p. 65.

ROSÁRIO FUSCO (de Souza Guerra)
(São Geraldo, MG, 1910 – Cataguases, MG, 1977)

Filho de uma lavadeira de roupas afrodescendente e de um imigrante italiano, foi levado para Cataguases com 1 mês de idade, órfão de pai. Trabalhou como pintor de tabuletas, servente de pedreiro, prático de farmácia, bancário, bedel e professor de desenho do Ginásio Municipal de Cataguases. Em 1932, foi para o Rio de Janeiro, onde se formou em Direito, em 1937. Participou ativamente na imprensa, como redator-chefe da revista *A Cigarra*, crítico literário do *Diário de Notícias* e do *Dom Casmurro*, colaborador fixo da revista *Cultura Política*,[252] publicitário, cronista de rádio, secretário da Universidade do Distrito Federal e procurador do Estado da Guanabara, função na qual se aposentou. Voltou para Cataguases em 1968, onde permaneceu até a morte. Fusco foi, no dizer de Mário de Andrade, "o dinamismo da Verde e de seu grupo".[253] Antonio Candido, que considera Fusco um dos introdutores do surrealismo no Brasil, com *O agressor*, publicado em 1943, afirma: "O romance do Sr. Rosário

---

[252] Revista oficial do Governo Vargas, diretamente vinculada ao Departamento de Imprensa e Propaganda, tinha caráter doutrinário na construção das diretrizes do Estado Novo. Circulou entre março de 1941 e outubro de 1945, dirigida por Almir de Andrade, a quem Fusco dedica *O agressor*. Muitos atribuem o ostracismo de Rosário Fusco à sua estreita relação com a ditadura de Getúlio Vargas. O assunto é discutido de forma bastante abrangente em FARIA, Daniel. Uma história em tempos dilacerados: a vida acidentada de Rosário Fusco. *Fênix: Revista de História e Estudos Culturais*, Brasília, v. 8, n. 2, p. 1-21, maio-ago. 2011. Ver também: MACHADO, Anthony Heden. *Rosário Fusco e o Estado Novo*. 2008. Dissertação (Mestrado em Literatura) – Centro de Comunicação e Expressão, Universidade Federal de Santa Catarina, Florianópolis, 2008.

[253] ANDRADE, Mário de. Persistência da Asa. *Diário de Notícias*, Rio de Janeiro, 24 mar. 1940. Primeira Seção, p. 8.

Fusco, que se recomenda pela habilidade com que é arquitetado e conduzido, interessa na medida em que se coloca como uma ilustração desta crise [da consciência burguesa], e como exemplo do que seja uma obra desligada do seu meio próximo, um jogo desinteressado da inteligência".[254] Lauro Machado Coelho chama a atenção para o "caso" que *O agressor* tornou-se dentro da literatura brasileira, "pelo seu caráter de experimentação formal, pela densidade de seu mergulho na complexidade de um comportamento humano – mas também pelo ostracismo a que se viu inexplicavelmente relegado".[255] Sérgio Milliet considerava O *Livro de João*, de 1944, "um grande passo à frente na realização do romance surrealista que já tentara em *O agressor*. [...] Volto a inúmeras páginas de seu livro, que é rico de humanidade, com um interesse cada vez maior".[256] Sobre *Carta à noiva*, lançado em 1954, disse Millôr Fernandes tratar-se de "obra-prima": "construído numa técnica perfeita, denso em detalhes, ao mesmo tempo simples e profundo, numa linguagem de rara beleza, e saturado da diabólica e aterrorizante experiência humana".[257] Sobre *Dia do juízo*, de 1961, "romance forte", segundo Massaud Moisés, "capaz de sobrenadar à torrente de narrativas que fluem facilmente, graças à seriedade incomum e o respeito pela arte e o destino do homem".[258] E Laís

---

[254] CANDIDO, Antonio. Surrealismo no Brasil. *In: Brigada ligeira e outros escritos*. São Paulo: Editora Unesp, 1992. p. 107.

[255] COELHO, Lauro Machado. E volta David, 34 anos, fantástico personagem brasileiro. É o Agressor. *Jornal da Tarde*, São Paulo, 19 nov. 1977.

[256] MILLIET, Sérgio. Diário crítico. *Diário de Notícias*, Rio de Janeiro, 21 abr. 1946. Letras, Artes, Ideias Gerais, p. 1.

[257] FERNANDES, Millôr. Ser e não ser: um livro. *A Cigarra*, Rio de Janeiro, maio 1955. p. 39.

[258] MOISÉS, Massaud. Dia do Juízo. *Correio da Manhã*, Rio de Janeiro, 27 jan. 1962. Primeiro Caderno, p. 9.

Corrêa de Araújo conclui que "são os insatisfeitos, como Rosário Fusco, que dão o passo à frente – para o tudo ou para o nada, de peito aberto enfrentando o 'dia do juízo'".[259] Fusco dizia, "para efeito de gozação", que ele era o precursor do "realismo fantástico" no romance sul-americano: "Li recente entrevista de Cortázar que ele aprendeu a coisa de Jorge Luis Borges, que começou a coisa em 1942, mais ou menos. Ele, Cortázar [...] começou em 47. Ora, em 39 eu escrevi *O agressor*, que demorou 4 anos na J.O. [José Olympio], e saiu em 43".[260] O cineasta norte-americano Orson Welles comprou os direitos para o cinema de *O agressor*, nunca levado às telas, e o romance foi publicado na década de 1960 na Itália, pela editora Mondadori.

Poemas

Poemas cronológicos. Cataguases: Verde, 1928 (com Enrique de Resende e Ascânio Lopes).
Fruta do conde. Cataguases: Verde, 1929.

Romances

O agressor. Rio de Janeiro: José Olympio, 1943.
    Rio de Janeiro: Francisco Alves, 1976.
    Rio de Janeiro: Bluhm, 2000.
O Livro de João. Rio de Janeiro: Epasa, 1944.
Carta à noiva. Rio de Janeiro: Organizações Simões, 1954.
Dia do juízo. Rio de Janeiro: José Olympio, 1961.
a.s.a. (associação dos solitários anônimos). Cotia: Ateliê, 2003.

---

[259] ARAÚJO, Laís Corrêa de. A imagem de Deus na obra de Rosário Fusco. *Revista de Cultura Vozes*, Petrópolis, ano 72, n. 2, mar.-abr. 1978. p. 28.
[260] FUSCO, Rosário. Sem compromisso. *Suplemento Literário do Minas Gerais*, Belo Horizonte, 25 nov. 1972. p. 2.

Ensaios

Vida literária. Rio de Janeiro: Edições SEP, 1940.

Amiel: notas à margem do Journal Intime. Rio de Janeiro: Edições SEP, 1940.

Política e letras. Rio de Janeiro: José Olympio, 1940.

Introdução à experiência estética. Rio de Janeiro: Ministério da Educação e Saúde / Serviço de Documentação, 1952.

Teatro

O anel de Saturno. 1949.

O viúvo. 1948.

Auto da noiva. 1961.

Inéditos

Vacachuvamor. Romance.

Creme de pérolas. Poemas.

Erótica menor. Poemas.

Um jaburu na Torre Eiffel. Relato de viagem.

Um caso de família. Teatro.

ANEXO B
Manifesto do grupo Verde de Cataguases

MANIFESTO DO GRUPO VERDE

DE CATAGUAZES

Este manifesto não é uma explicação. Uma explicação nossa não seria comprehendida pelos criticos da terra, pelos innumeraveis conselheiros b. b. que dogmatizam empoleirados nas columnas pretensas importantes dos jornaes mirins do interior. E seria inutil para os que já nos compreenderam e estão nos apoiando.

Nem é uma limitação dos nossos fins e processos, porque o moderno é innumeravel.

Mas é uma limitação entre o que temos feito e o monte do que os outros fizeram.

Uma separação entre nós e a rabada dos nossos adeaistas de ultima hora, cuja adesão é um desconforto.

Pretendemos tambem focalisar a linha divisoria que nos põe do lado oposto ao outro lado dos demais modernistas brasileiros e extrangeiros.

Nós não soffremos a influencia directa extrangeira. Todos nós fizemos questão de esquecer o francês.

Mas não pense ninguem que pretendemos dizer que somos—os nós—todos iguaes.

Somos differentes. Diversissimos até. Mais muito mais differentes do pessoal das casas visinhas.

Nossa situação topographica faz com que tenhames, é facto, uma visão semelhante do conjunto brasileiro e americano e da hora que passou, passa e que está para passar.

Dahi a união do grupo "VERDE". Sem prejuiso, entretanto, da liberdade pessoal, processos e todo de cada um de nós.

Um dos muitos particulares caracteristicos do nosso grupo é o objectivismo.

Todos somos objectivistas quasi. Explicação? Não precisa. Basta meter a mão na cabeça, pensar, comparar e... concordar.

O logar que é hoje bem nosso no Brasil intellectual foi conquistado tão somente ao dionisiaco empreendimento do forte grupo de Bello Horizonte, tendo á frente o enthusiasmo moço de Carlos Drummond, Martins de Almeida e Emilio Moura, com a fundação da A REVISTA, que embora não tendo tido vida longa, marcou a epoca na historia da innovação moderna em Minas. (*)

Apesar de citarmos os nomes dos rapazes de Bello Horisonte, não temos, absolutamente, nenhuma ligação com o estilo e vida literaria delles.

Somos nós. Somos VERDES. E este manifesto foi feito especialmente para provocar um gostossimo escandalo interior e até vaias intimas.

Não faz mal, não. E' isso mesmo.

Acompanhamos S. Paulo e Rio em todas as suas innovações e renovações estéticas, quer na litteratura como em todas as artes bellas, não fomos e nem somos influenciados por elles, como querem alguns.

Não temos paes espirituaes. Ao passo que outros grupos, apesar de gritos e protestos e o diabo no sentido do abrasileiramento de nossos motivos e de nossa fala, vivem por ahi a pastichar o "modo" barbaro do sr. Cendrars e outros francezes escovados ou pacatissimos.

Não temos pretenção alguma de escanchar os nossos amigos. Não. Absolutamente.

Queremos é demonstrar apenas a nossa independencia no sentido escolastico, ou melhor, «partipario».

O nosso movimento VERDE nasceu de um simples jornalesco da terra—JAZZ BAND.

Um pequeno jornalismo com tendencias modernistas que logo escandalizaram os pacatissimos habitantes desta Meia-Pataca. Chegou-se mesmo a falar em bengaladas...

E dahi nasceu a nossa vontade firme de mostrar a esta gente toda que, embora morando em uma cidadesinha do interior, temos coragem de competir com o pessoal lá de cima.

A falta de publicações, casas editoras e dinheiro—tinha feito com que ficassemos á espera do momento propicio para apparecer.

Mas VERDE sahiu. VERDE venceu. Podemos dar pancadas ou tomar. Não esperamos applausos ou vaias publicas, porque aquillo que provoca verdadeiro escandalo põe o brasileiro indifferente, na apparencia... com medo ou com vergonha de entrar no barulho.

Sim. Não esperamos applausos ou vaias publicas. Os applausos de certos publicos envergonham a quem os recebe, porque nivelam a obra applaudida com aquelles que o comprenderam.

Não fica atraz a vaia. A vaia é as vezes sinda uma simulada expressão de reconhecimento de valores...

Porisso preferimos a indifferença. Esta será a mais bella homenagem que nos prestarão os que não nos comprendem. Porque atacar VERDE? Somos o que queremos ser e não o que os outros querem que sejamos. Isto parece complicado, mas é simples.

Exemplo: os outros querem que escrevamos sonetos liricos e acrosticos portuguezes com nomes e sobrenomes.

Nós preferimos deixar o soneto na sua cova, com os seus quatorze cyprestes importados, e cantar simplesmente a terra brasileira. Não gostam? Pouco importa.

O que importa, de verdade, é a gloria de VERDE, a victoria de VERDE. Esta já ganhou terreno nas mais cultas cidades do paiz.

Considera-nos, a grande imprensa, os unicos literatos que teem coragem inaudita de manter uma revista moderna no Brasil, emquanto o publico de nossa terra, o respeitavel publico, nos têm em conta de uns simples malucos creadores de coisas absolutamente incriveis.

E' positivamente engraçado. E foi para dizer estas coisas que lançamos o manifesto de hoje, que apesar de tão encrencado nada tem de manifesto, apenas um ligeiro rodeo em torno da nossa gente, nosso meio.

RESUMINDO:

1º.) Trabalhamos independentemente de qualquer outro grupo literario.

2º.) Temos perfeitamente focalisada a linha divisoria que nos separa dos demais modernistas brasileiros e estrangeiros.

3º.) Nossos processos literarios são perfeitamente definidos.

4º.) Somos objectivistas, embora diversissimos, uns dos outros.

5º.) Não temos ligação de especie nenhuma com o estilo e o modo literario de outras rodas.

6º.) Queremos deixar bem frisado a nossa independencia no sentido "escolastico".

7º.) Não damos a minima importancia á critica dos que não nos comprehendem.

E é só isso.

Henrique de Resende — Christophoro Fonte-Bôa
Ascanio Lopes — Martins Mendes
Rosario Fusco — Oswaldo Abrilla
Guilhermino Cesar — Camillo Soares
Francisco I. Peixoto.

(*) Elles é que primeiro catechizaram os naturaes de Minas e nos animaram com o exemplo para a publicação de Verde.

Este manifesto não é uma explicação. Uma explicação nossa não seria compreendida pelos críticos da terra, pelos inumeráveis conselheiros b.b. que dogmatizam empoleirados nas colunas pretensas importantes dos jornais mirins do interior. E seria inútil para os que já nos compreenderam e estão nos apoiando.

Nem é uma limitação dos nossos fins e processos, porque o moderno é inumerável.

Mas é uma limitação entre o que temos feito e o monte do que os outros fizeram.

Uma separação entre nós e a rabada dos nossos adesistas de última hora, cuja adesão é um desconforto.

Pretendemos também focalizar a linha divisória que nos põe do lado oposto ao outro lado dos demais modernistas brasileiros e estrangeiros.

Nós não sofremos a influência direta estrangeira. Todos nós fizemos questão de esquecer o francês.

Mas não pense ninguém que pretendemos dizer que somos – os daqui – todos iguais.

Somos diferentes. Diversíssimos até. Mais muito mais diferente do pessoal das casas vizinhas.

Nossa situação topográfica faz com que tenhamos, é fato, uma visão semelhante do conjunto brasileiro e americano e da hora que passou, passa e que está para passar.

Daí a união do grupo "VERDE". Sem prejuízo, entretanto, da liberdade pessoal, processos e modo de cada um de nós.

Um dos muitos particulares característicos do nosso grupo é o objetivismo.

Todos somos objetivistas quase. Explicação? Não precisa. Basta meter a mão na cabeça, pensar, comparar e... concordar. O lugar que é hoje bem nosso no Brasil intelectual foi conquistado tão somente ao dionisíaco empreendimento do forte grupo de Belo Horizonte, tendo à frente o entusiasmo moço de Carlos Drummond, Martins de Almeida e Emílio Moura, com a fundação de A REVISTA, que embora não tendo tido vida longa, marcou época na história da inovação moderna em Minas (*).

Apesar de citarmos os nomes dos rapazes de Belo Horizonte, não temos, absolutamente, nenhuma ligação com o estilo e vida literária deles.

Somos nós. Somos VERDES. E este manifesto foi feito especialmente para provocar um gostosíssimo escândalo interior e até vaias íntimas.

Não faz mal, não. É isso mesmo.

Acompanhamos S. Paulo e Rio em todas as suas inovações e renovações estéticas, quer na literatura como em todas as artes belas, não fomos e nem somos influenciados por eles, como querem alguns.

Não temos pais espirituais. Ao passo que outros grupos, apesar de gritos e protestos e o diabo no sentido de abrasileiramento de nossos motivos e de nossa fala, vivem por aí a pastichar o "modus" bárbaro do sr. Cendrars e outros franceses escovados ou pacatíssimos.

Não temos pretensão alguma de escanchar os nossos amigos. Não. Absolutamente.

Queremos é demonstrar apenas a nossa independência no sentido escolástico, ou melhor, "partidário".

O nosso movimento VERDE nasceu de um simples jornaleco da terra – JAZZ BAND.

Um pequeno jornalzinho com tendências modernistas que logo escandalizaram os pacatíssimos habitantes desta Meia-Pataca. Chegou-se mesmo a falar em bengaladas...

E daí nasceu nossa vontade firme de mostrar a esta gente toda que, embora morando em uma cidadezinha do interior, temos coragem de competir com o pessoal lá de cima.

A falta de publicações, casas editoras e dinheiro – tinha feito com que ficássemos à espera do momento propício para aparecer.

Mas VERDE saiu. VERDE venceu. Podemos dar pancadas ou tomar. Não esperamos aplausos ou vaias públicas, porque aquilo que provoca verdadeiro escândalo põe o brasileiro indiferente, na aparência... com medo ou com vergonha de entrar no barulho.

Sim. Não esperamos aplausos ou vaias públicas. Os aplausos de certos públicos envergonham a quem os recebe, porque nivelam a obra aplaudida com aqueles que o compreenderam.

Não fica atrás a vaia. A vaia é às vezes ainda uma simulada expressão de reconhecimento de valores...

Por isso preferimos a indiferença. Esta será a mais bela homenagem que nos prestarão os que não nos compreendem. Por que atacar VERDE? Somos o que queremos ser e não o que os outros querem que sejamos. Isto parece complicado, mas é simples.

Exemplo: os outros querem que escrevamos sonetos líricos e acrósticos portugueses com nomes e sobrenomes.

Nós preferimos deixar o soneto na sua cova, com seus quatorze ciprestes importados, e cantar simplesmente a terra brasileira. Não gostam? Pouco importa. O que importa, de verdade, é a glória de VERDE, a vitória de VERDE. Esta já ganhou terreno nas mais cultas cidades do país.

Considera-nos, a grande imprensa, os únicos literatos que têm coragem inaudita de manter uma revista moderna no Brasil, enquanto o público de nossa terra, o respeitável público, nos têm em conta de uns simples malucos criadores de coisas absolutamente incríveis.

É positivamente engraçado. E foi para dizer estas coisas que lançamos o manifesto de hoje, que apesar de tão encrencado nada tem de *manifesto*, apenas um ligeiro rodeio em torno de nossa gente, nosso meio.

RESUMINDO

1º) Trabalhamos independentemente de qualquer outro grupo literário;

2º) Temos perfeitamente focalizada a linha divisória que nos separa dos demais modernistas brasileiros e estrangeiros;

3º) Nossos processos literários são perfeitamente definidos;

4º) Somos objetivistas, embora diversíssimos, uns dos outros;

5º) Não temos ligação de espécie nenhuma com o estilo e o modo literário de outras rodas;

6º) Queremos deixar bem frisado a nossa independência no sentido "escolástico";

7º) Não damos a mínima importância à crítica dos que não nos compreendem.

E é só isso.

Henrique de Resende *Christophoro Fonte-Bôa*
Ascânio Lopes *Martins Mendes*
Rosário Fusco *Oswaldo Abritta*
Guilhermino Césa *Camillo Soares*
Francisco I. Peixoto

(*) Eles é que primeiro catequisaram os naturais de Minas e nos animaram com o exemplo para a publicação de VERDE.

ANEXO C
Sumário dos seis números da revista *Verde*

: : DIRECTOR : : **HENRIQUE DE RESENDE** : REDACTORES : MARTINS MENDES :: :: :: :: E :: :: :: :: ROSARIO FUSCO	 REVISTA MENSAL DE ARTE E CULTURA	NUMERO . 1 ANNO . . . 1 :: :: REDACÇÃO :: :: :: :: :: E :: :: :: ADMINISTRAÇÃO RUA CEL. VIEIRA, 53 CATAGUAZES -- MINAS

NESTE NUMERO DA "VERDE":

CARLOS D. DE ANDRADE	SIGNAL DE APITO
EDMUNDO LYS	VIAGEM SENTIMENTAL
T. DE MIRANDA SANTOS	BLÓCO
ASCANIO LOPES	SERÃO DO MENINO POBRE
EMILIO MOURA	INQUIETAÇÃO
MARTINS DE OLIVEIRA	FUNCÇÃO
ROBERTO THEODORO	SAMBA
GUILHERMINO CESAR	SANTINHA DA ENCARNAÇÃO (conto)
	NOCTURNO (poema)
CAMILLO SOARES	O ESTRANHO CASO DE MATIAS
HENRIQUE DE RESENDE	A CIDADE E ALGUNS POETAS
	PRELUDIOS
FRANCISCO I. PEIXOTO	TERNURA
MARTINS MENDES	PARADOXO
OSWALDO ABRITTA	UM POEMA
FONTE BOA	UM POEMA
ROSARIO FUSCO	E' PRECISO PAZ NA ARTE MODERNA

NOTAS DE ARTE E OUTRAS NOTAS

VERDE, ano I, n. 1, setembro de 1927

	PÁGINA
Apresentação	9
A Cidade e Alguns Poetas *(por Henrique de Resende)*	9-11
É Preciso Paz na Arte Moderna *(por Rosário Fusco)*	11
Função *(poema de Martins de Oliveira)*	12
Serão do Menino Pobre *(poema de Ascânio Lopes)*	13
Inquietação *(poema de Emílio Moura)*	14
Sinal de Apito *(poema de Carlos Drummond de Andrade)*	15
Santinha da Encarnação *(conto de Guilhermino César)*	16-17
Viagem Sentimental *(poema de Edmundo Lys)*	18-19
O 7 de Setembro e o Coronel José Vieira de Resende e Silva	20-21
Bloco *(poema de Theobaldo de Miranda Santos)*	22
Noturno *(poema de Guilhermino César)*	23
Paradoxo *(poema de Martins Mendes)*	23
O Estranho Caso de Matias Qualquer *(conto de Camilo Soares)*	24
Ternura *(poema de Francisco Inácio Peixoto, ilustrado por Rosário Fusco)*	25
Samba *(poema de Roberto Theodoro)*	26
Prelúdios *(poema de Henrique de Resende)*	27
Literatura *(resenhas por Emílio Moura e Martins Mendes)*	28-29
Janeiro *(poema de Rosário Fusco)*	29
Sônia *(poema de Fonte-Bôa)*	30
O Poema do Meu Primeiro Amor *(poema de Oswaldo Abritta)*	30
Notas de Arte – Música e Cinema *(por Rosário Fusco)*	31

: : DIRECTOR : :
HENRIQUE DE RESENDE

: REDACTORES :
MARTINS MENDES
: : : : E : : : :
ROSARIO FUSCO

REVISTA·MENSAL
DE·ARTE·E·
CULTURA·

NUMERO . 2
ANNO . . . 1

:: :: REDACÇÃO :: ::
:: :: :: E :: :: ::
ADMINISTRAÇÃO
RUA CEL. VIEIRA, 53
CATAGUAZES – MINAS

NESTE NUMERO DA "VERDE":

ANTÓNIO DE ALCANTARA MACHADO	O AVENTUREIRO ULISSES
MARIO DE ANDRADE	RONDÓ DO BRIGADEIRO
A. C. COUTO DE BARROS	A PROPOSITO DO BRÁS, BEXIGA E BARRA FUNDA
SERGIO MILLIET	ELEGIA
ASCANIO LOPES	A HORA PRESENTE
HENRIQUE DE RESENDE	O CANTO DA TERRA VERDE
RIBEIRO COUTO	DELICIA DA CONFUSÃO
OSWALDO ABRITTA	JARDIM
ABGAR RENAULT	FELICIDADE
ROSARIO FUSCO	POEMAS CODAQUE
CAMILLO SOARES	PEDROMALAZARTE
ROBERTO THEODORO	POEMAS DE BELLO-HORIZONTE
MARTINS DE OLIVEIRA	MELANCOLIA
EMILIO MOURA	SERENIDADE NO BAIRRO POBRE
FRANCISCO IGNACIO PEIXOTO	BERCEUSE
MARTINS MENDES	INSOMNIA

NOTAS POR: YAN DE ALMEIDA PRADO, HENRIQUE DE RESENDE, CAMILLO SOARES, EDMUNDO LYS E ROSARIO FUSCO.

NUMERO — 1$000   ASSIGNATURA — 11$000

VERDE, ano I, n. 2, outubro de 1927

	PÁGINA
Literatura de Brinquedo *(por Henrique de Resende)*	7
O Aventureiro Ulisses *(conto de Alcântara Machado)*	8-9
Felicidade *(poema de Abgar Renault)*	10
Rondó do Brigadeiro *(poema de Mário de Andrade)*	11
A Propósito do "Brás, Bexiga e Barra Funda" *(resenha por A.C. Couto de Barros)*	12-13
Poemas de Belo Horizonte *(poema de Roberto Theodoro)*	14
Delícia de Confusão *(por Ribeiro Couto)*	15
Poemas Codaque *(poemas de Rosário Fusco)*	16
A Hora Presente *(por Ascânio Lopes)*	17
Elegia *(poema de Sérgio Milliet)*	18
O Canto da Terra Verde *(poema de Henrique de Resende)*	18
Berceuse *(poema de Francisco Inácio Peixoto)*	18
Pedromalasarte *(poema de Camillo Soares)*	19
Ricardo Pinto e um Livro *(resenha por Camilo Soares)*	20
Melancolia *(poema de Martins de Oliveira)*	21
Insônia *(poema de Martins de Almeida)*	22
Jardim *(poema de Oswaldo Abritta)*	22
Serenidade no Bairro Pobre *(poema de Emílio Moura)*	23
Literatura *(resenhas por Edmundo Lys e Rosário Fusco)*	24-26
Arte e Artifício *(por Yan de Almeida Prado)*	26

VERDE

REVISTA·MENVAL DE·ARTE·E· CVLTVRA·

| : : DIRECÇÃO : : |
| :::: DE :::: |
| HENRIQUE DE RESENDE |
| MARTINS MENDES |
| :::: E :::: |
| ROSARIO FUSCO |

NUMERO . 3
ANNO . . . 1

:: :: REDACÇÃO :: ::
:: :: :: E :: ::
ADMINISTRAÇÃO
RUA CEL. VIEIRA, 53
CATAGUAZES – MINAS

MARIO DE ANDRADE	CASO DA CASCATA
OSWALDO DE ANDRADE	OS ESPLENDORES DO ORIENTE
PRUDENTE DE MORAES, NETO	AVENTURA
JOÃO ALPHONSUS	OXYCYANURETO DE MERCURIO
ILDEFONSO PEREDA VALDÉS	A GERMANA BITTENCOURT
BLAISE CENDRARS	AUX JEUNES GENS DE CATACAZES
MARTINS DE OLIVEIRA	MODERNISMO
SERGIO MILLIET	RELIGIÃO
GODOFRÊDO RANGEL	A SYNCOPE
WELLINGTON BRANDÃO	CANTOS MUNICIPAES
ABGAR RENAULT	MATINAL
ASCENSO FERREIRA	CAMELOTS
CARLOS DRUMMOND DE ANDRADE	QUADRILHA
ASCANIO LOPES	DESCOBRIMENTO DO BRASIL
ROSARIO FUSCO	FESTA DA BANDEIRA
EMILIO MOURA	CHROMO
HENRIQUE DE RESENDE	CANTO DA TERRA VERDE (2)
PEDRO NAVA	VENTANIA
ILDEFONSO FALCÃO	SINGERMAM, STOLEK E ETC.
CAMILLO SOARES	DESCOBERTA

"FIGURA": ROSARIO FUSCO

NOTAS DE: YAN DE ALMEIDA PRADO, HENRIQUE DE RESENDE, ROSARIO FUSCO E ASCANIO LOPES

NUMERO — 1$000   ASSIGNATURA — 11$000

VERDE, ano I, n. 3, novembro de 1927

	PÁGINA
Desenho de Rosário Fusco	7
Oxicianureto de Mercúrio *(conto de João Alphonsus)*	8-10
Descoberta *(poema de Camilo Soares)*	10
Aux Jenes Gens de Catacazes *(poema de Blaise Cendrars)*	11
Caso da Cascata *(fragmento do romance "Macunaíma" de Mário de Andrade)*	12
Cantos Municipais para Verde *(poemas de Wellington Brandão)*	13
Aventura *(prosa de Prudente de Moraes, Neto)*	14
Os Esplendores do Oriente *(fragmento do romance "Serafim Ponte Grande" de Oswald de Andrade)*	14
Quadrilha *(poema de Carlos Drummond de Andrade)*	15
Camelôs *(poema de Ascenso Ferreira)*	15
Modernismo *(por Martins de Oliveira)*	16-17
A Síncope *(conto de Godofredo Rangel)*	17
Matinal *(poema de Abgar Renault)*	18
Festa da Bandeira *(poema de Rosário Fusco)*	18
Bilhetes *(de Rosário Fusco e Ascânio Lopes)*	19
Religião *(poema de Sérgio Milliet)*	20
Cantos da Terra Verde – 2 *(poema de Henrique de Resende)*	20
A Germana Bittencourt *(poema de Ildefonso Pereda Valdés)*	21
Singerman, Stolek, etc etc *(prosa de Ildefonso Falcão)*	22
Descoberta do Brasil *(poema de Ascânio Lopes)*	22
Cromo *(poema de Emílio Moura)*	23
Ventania *(poema de Pedro Nava)*	23
Literatura *(artigos de Yan de Almeida Prado, Rosário Fusco, Henrique de Resende e Ascânio Lopes)*	24-26

DIRECÇÃO
de
HENRIQUE DE RESENDE
MARTINS MENDES
e
ROSARIO FUSCO

VERDE
REVISTA MENSAL
DE ·ARTE·E·
CULTURA·

NUMERO . 4
ANNO . . . 1
REDACÇÃO
e
ADMINISTRAÇÃO
RUA CEL. VIEIRA, 53
CATAGUAZES -- MINAS

SUMMARIO

MARCOS FINGERIT	JOSEFINA BAKER
MARIOSWALD	HOMENAGEM AOS HOMENS QUE AGEM
MARIO DE ANDRADE	APRESENTAÇÃO
MARQUES REBELLO	INTERIOR NUMERO UM
FRANCISCO I. PEIXOTO	PEDREIRA
ROSARIO FUSCO	MADRIGAL
ASCANIO LOPES	PEDRO ALVARES CABRAL
AFFONSO ARINOS (sobrinho)	TRÊS ESTANCIAS OPTIMISTAS
PIMENTA VELOSO	HISTORIA SEM PALAVRAS
ANTONIO DE ALCANTARA MACHADO	O FILÓSOFO PLATÃO
CARLOS DRUMMOND DE ANDRADE	CONVITE AO SUICIDIO
ILDEFONSO FALCÃO	SINGERMAN STOLEK, ETC. (II)
ALBANO DE MORAES	PATRIOTISMO
GUILHERME DE ALMEIDA	L'OISEAU BLEU
HENRIQUE DE RESENDE	SENZALA
GUILHERMINO CESAR	CRONICA QUASI POLICIAL
A. FONSECA LOBO	AUTORIA DA ARTE DE FURTAR
EDMUNDO LYS	TEORIA ARTISTICA DA FARINHA

APONTAMENTOS DE
ROSARIO FUSCO, FRANCISCO PEIXOTO, ASCANIO LOPES, HENRIQUE DE RESENDE

NUMERO — 1$000   ASSIGNATURA — 11$000

VERDE, ano I, n. 4, dezembro de 1927

	PÁGINA
Verde, Poemas Cronológicos e Outros Poemas *(por Henrique de Resende)*	7
Josefina Backer *(poema de Marcos Fingerit)*	8
Homenagem aos Homens que Agem *(poema a quatro mãos de Mário e Oswald de Andrade – Marioswald)*	9
Apresentação *(por Mário de Andrade)*	10
Interior Número 1 *(poema de Marques Rebelo)*	10
Pedreira *(poema de Francisco Inácio Peixoto)*	11
Madrigal *(poema de Rosário Fusco)*	11
Pedro Álvares Cabral Descobridor *(fragmento da novela "Maria Eugênia", de Ascânio Lopes)*	12
Três Estâncias Otimistas pra Carlos Drummond de Andrade *(poema de Afonso Arinos, Sobrinho)*	12
Carta-Telegrama pra Martins de Oliveira *(por Francisco Inácio Peixoto)*	13
História Sem Palavras *(poema de Pimenta Velloso)*	13
O Filósofo Platão *(conto de Alcântara de Machado)*	14-15
Convite ao Suicídio *(poema de Carlos Drummond de Andrade)*	16-17
Singerman, Stolek, etc etc *(prosa de Ildefonso Falcão)*	18
Patriotismo *(poema de Albano de Moraes)*	18
L'Oiseau Bleu *(poema de Guilherme de Almeida)*	19
Senzala *(poema de Henrique de Resende)*	20
Autoria da Arte de Furtar *(por A. Fonseca Lobo)*	21
Crônica Quase Policial da Barroca *(poema de Guilhermino César)*	21
Teoria Artística da Farinha *(poema de Edmundo Lys)*	22
Notícias sobre Livros e Outras Notícias *(por Rosário Fusco, Francisco Inácio Peixoto, Ascânio Lopes e Henrique de Resende)*	23-26

DIREÇÃO		NUMERO . 5
de	**VERDE**	ANNO ... 1
HENRIQUE DE RESENDE		REDAÇÃO
MARTINS MENDES		e
e	REVISTA·MENSAL	ADMINISTRAÇÃO
ROSARIO FUSCO	DE·ARTE·E·	RUA CEL. VIEIRA, 53
	CULTURA·	CATAGUAZES – MINAS

S U M A R I O

NICOLÁS FUSCO SANSONE	EL NOCTURNO DE LOS CUERPOS
ASCENSO FERREIRA	MULA-DE-PADRE
RIBEIRO COUTO	A DESCOBERTA DE CATAGUAZES
GUILHERMINO CESAR	BALÁDA DO ARCO-IRIS DA GENTE
MARIO DE ANDRADE	PRÉSENTATION DE LA JEUNE FILLE (DOLOUR)
ASCANIO LOPES	PAPEL DO INSTINTO NO MUNDO ATUAL
A. FONSECA LOBO	AUTORIA DA ARTE DE FURTAR (CONC.)
JÃO DORNAS FILHO	MEUS OITO ANNOS
PEREGRINO JUNIOR	EL VANGUARDISMO EM EL BRASIL
ILDEFONSO FALCÃO	SINGERMAN, STOLEK, ETC. (CONCLUSÃO)
JORGE FERNANDES	CANÇÃO AO SOL
FRANCISCO INACIO PEIXOTO	MARIA LAVADEIRA

MARIA CLEMENCIA: **FIGURA**

APONTAMENTOS DE

UBYRATAN VALMONT, FRANCISCO INACIO PEIXOTO, AFFONSO ARINOS SOBRINHO, F., GUILHERMINO CESAR, PEIXOTO e R. F.

Numero especial: com um suplemento relativo aos mezes de Fev., Março, Abril e Maio

ESTE NUMERO — 1$500   ASSINATURA — 11$000

VERDE, ano I, n. 5, janeiro de 1928
(com suplemento relativo aos meses de fevereiro, março, abril e maio)

	PÁGINA
Desenho de Maria Clemencia	7
El Nocturno de los Cuerpos Anhelantes *(poema de Nicolás Fusco Sansone)*	8
Mula-de-Padre *(poema de Ascenso Ferreira)*	9
A Descoberta de Cataguases *(por Ribeiro Couto)*	10-11
Balada do Arco-Íris da Gente *(poema de Guilhermino César)*	11
Présentation de La Jeune Fille *(por Mário de Andrade)*	12
Papel do Instinto no Mundo Atual. Freud *(por Ascânio Lopes)*	13
Autoria da Arte de Furtar *(por A. Fonseca Lobo)*	14
Meus Oito Anos *(poema de João Dornas Filho)*	14
El Vanguardismo en el Brasil *(por Peregrino Júnior)*	15-16
São Paulo na Federação, de Souza Lobo *(por Ubyratan Valmont)*	16-17
Infância *(poema de Willy Levin)*	17
Mestre Tasso, Otimista Impenitente *(por Francisco Inácio Peixoto)*	18
Singerman, Stolek, etc etc *(prosa de Ildefonso Falcão)*	19-20
Canção ao Sol *(poema de Jorge Fernandes)*	20
Maria Lavadeira *(poema de Francisco Inácio Peixoto)*	21
Autoria da Arte de Furtar *(por A. Fonseca Lobo)*	22
Notícias sobre Livros e Outras Notícias *(por Afonso Arinos, Sobrinho, Rosário Fusco, Guilhermino César e Francisco Inácio Peixoto)*	22-26

Suplemento relativo aos meses de Fevereiro, Março, Abril e Maio do âno de 1928

COM POEMAS DE:

SERGIO MILLIET, AUGUSTO FREDERICO SCHIMIDT, MARQUES REBELLO, MARTINS MENDES, HENRIQUE DE RESENDE, SAÚL DE NAVARRO E ROSARIO FUSCO.

PRÓSA DE:

PAULO PRADO

O grupo VERDE e os outros

NOTICIAS SOBRE LIVROS E OUTRAS NOTICIAS

> O artigo S. PAULO NA FEDERA-
> ÇÃO continúa depois do suplemento

SUPLEMENTO

	PÁGINA
Do Retrato do Brasil *(por Paulo Prado)*	2
Poemas Brasileiros- I *(poema de Henrique de Resende)*	3
Cataguases, o Cinema, a Phebo, a Lei dos Menores, etc *(por J. Martins)*	4
O que sou *(poema de Martins Mendes)*	5
Tio Santana *(poema de Guilhermino César)*	5
Uiára *(poema de Francisco Inácio Peixoto)*	5
Movimento *(apontamentos sem assinatura)*	5
Bailado Russo *(poema de Saúl Navarro)*	6
Comida *(poema de Augusto Frederico Schmidt)*	6
Passa Quatro *(artigo de Rosário Fusco)*	6
Notícia sobre "Estudos" *(artigo de Henrique de Resende)*	7
Este Verso Vai Molhado *(poema de Rosário Fusco)*	7
Artigo sem Título sobre "Parmi le Soir Indéfini" de Leão de Vasconcelos *(por Francisco Inácio Peixoto)*	8
Segunda Conversa *(poema de Sérgio Milliet)*	9
Poema Primitivo *(poema de Marques Rebelo)*	9
Martim-Cererê *(por Rosário Fusco)*	9
O Grupo de "Verde" e os outros *(reprodução de notas de Álvaro Moreyra, Mário de Andrade, Tasso da Silveira e Antônio de Alcântara Machado)*	10-12

verde

HENRIQUE DE RESENDE
MARTINS MENDES
GUILHERMINO CESAR
Fᵉᵒ. INACIO PEIXOTO
ROSARIO FUSCO

1

ASCÂNIO
(1907-1928)

Mario de Andrade	Vitoria Regia
Maria Clemencia	Linoleum
José Americo de Almeida	Mensagem ao Grupo Verde
Carlos Drummond de Andrade	Ascânio Lopes na Rua da Bahia
Norah Borges	Desenho
Rosario Fusco	Ascanio Lopes
António de Alcântara Machado	Indirecta
Peregrino Junior	O espritado
Murillo Mendes	Canto Novo
Ascenso Ferreira	O Verde
Ildefonso Pereda Valdez	Elogio de Voronoff
Martins Mendes	Ascânio Lopes
Guilhermino Cesar	Ascânio
Ascânio Lopes	Inéditos
Francisco Inacio Peixoto	Ascânio
Walter Benevides	Aspiração
Henrique de Resende	Poema para Manoel Bandeira
Carlos Chiacchio	O mal do parnasianismo

TOPICOS E NOTICIAS

EZEMPLAR 1$200   MAIO DE 1929   CATAGUAZES

VERDE, ano II, n. 1, maio de 1929

	PÁGINA
Ascânio *(por Henrique de Resende)*	1
Vitória-Régia *(por Mário de Andrade)*	2
Linóleo de Maria Clemencia	2
Mensagem ao "Grupo Verde" *(por José Américo de Almeida)*	3
Ascânio Lopes na Rua da Bahia *(crônica de Carlos Drummond de Andrade)*	4
Retrato de Maria Clemencia por Norah Borges	4
Ascânio Lopes *(por Rosário Fusco)*	5
Indireta *(por Alcântara Machado)*	5
As Sete Trombetas Misteriosas *(conto de Ascânio Lopes)*	6
Recordações da Terra Verde – "O Espiritado" *(conto de Peregrino Júnior)*	7-8
Canto Novo *(poema de Murilo Mendes)*	8
O "Verde" *(poema de Ascenso Ferreira)*	9
Elogio de Voronoff *(por Ildefonso Pereda Valdés)*	10
Ascânio Lopes *(por Martins Mendes)*	10
Ascânio *(por Guilhermino César)*	11
Inéditos *(três poemas de Ascânio Lopes)*	12-13
Ascânio *(por Francisco Inácio Peixoto)*	14
Aspiração *(poema de Walter Benevides)*	15
Poema para Manuel Bandeira *(poema de Henrique de Resende)*	15
O Mal do Parnasianismo *(ensaio de Carlos Chiacchio)*	16-17
Feira de Amostras *(dois capítulos do livro "Estudos", de Tristão de Athayde)*	18-21
José de Alencar *(artigo sem assinatura)*	22
Jackson *(por Graça Aranha)*	22
Movimento *(artigo de Mário de Andrade e notas sem assinatura)*	23-24

Referências

Livros

ABRITTA, Luiz Carlos. *A história do movimento modernista em Cataguases*. 2. ed. Belo Horizonte: Emil, 2005.

ABRITTA, Luiz Carlos. *Um homem plural: a vida de Oswaldo Abritta*. Belo Horizonte: Sografe, 2008.

ABRITTA, Oswaldo. *Versos de ontem e de hoje*. Belo Horizonte: Speed, 1999.

ALONSO, Paulo Henrique (Coord.). *Guia da arquitetura modernista de Cataguases*. 2. ed. Cataguases: Instituto Cidade de Cataguases, 2012.

ALPHONSUS, João. *Rola-Moça*. Rio de Janeiro: José Olympio, 1938.

ANDRADE, Carlos Drummond de. *25 poemas da triste alegria*. Edição de Antonio Carlos Secchin. São Paulo: Cosac Naify, 2012.

ANDRADE, Mário de. *O movimento modernista*. Rio de Janeiro: Casa do Estudante do Brasil, 1942.

BRANCO, Joaquim. *Passagem para a modernidade: transgressões e experimentos na poesia de Cataguases (década de 1920)*. Cataguases: Instituto Francisca de Souza Peixoto, 2002.

BRITO, Mário da Silva. *História do modernismo brasileiro: Antecedentes da Semana de Arte Moderna*. 4. ed. Rio de Janeiro: Civilização Brasileira, 1974.

BRITO, Mário da Silva. *Poesia do modernismo*. Rio de Janeiro: Civilização Brasileira, 1968.

BUENO, Antônio Sérgio. *O modernismo em Belo Horizonte: década de vinte*. Belo Horizonte: Editora UFMG; Proed, 1982.

CAMPOS, Maria do Carmo (Org.). *Guilhermino César: memória e horizonte*. Porto Alegre: Editora da UFRGS, 2010.

CASTRO, Ruy. *Metrópole à beira-mar: o Rio moderno dos anos 20*. São Paulo: Companhia das Letras, 2019.

CÉSAR, Guilhermino. *Autores gaúchos*. 2. ed. Porto Alegre: Instituto Estadual do Livro; Editora AGE; Canoas: Universidade Luterana do Brasil, 1996.

COSTA, Levy Simões da. *Cataguases centenária*. Cataguases: Prefeitura Municipal, 1977.

CURY, Maria Zilda Ferreira. *Horizontes modernistas: o jovem Drummond e seu grupo em papel jornal*. Belo Horizonte: Autêntica, 1998.

DIAS, Fernando Correia. *O movimento modernista em Minas: uma interpretação sociológica*. Brasília: Editora Universidade de Brasília, 1971.

DINIZ, Firmo de Albuquerque. *Notas de viagem*. São Paulo: Governo do Estado, 1978.

DOYLE, Plínio. *História de revistas e jornais literários*. Rio de Janeiro: Casa de Rui Barbosa, 1976. v. I.

DUTRA, Waltensir; CUNHA, Fausto. *Biografia crítica das letras mineiras*. Rio de Janeiro: Ministério da Educação e Cultura; Instituto Nacional do Livro, 1956.

FERREIRA, Delson Gonçalves. *Ascânio Lopes*. Belo Horizonte: Difusão Pan-Americana do Livro, 1967.

FROTA, Lélia Coelho (Org.). *Carlos & Mário: correspondência completa entre Carlos Drummond de Andrade (inédita) e Mário de Andrade*. Prefácio e notas de Silviano Santiago. Rio de Janeiro: Bem-Te-Vi, 2002.

GOMES, Paulo Emílio Salles. *Humberto Mauro, Cataguases, Cinearte*. São Paulo: Perspectiva; Edusp, 1974.

GONÇALVES, Marcos Augusto. *1922: a semana que não terminou*. São Paulo: Companhia das Letras, 2012.

LIMA, Sergio Cruz de Castro; LANZIERI JUNIOR, Carlile; COSTA, Gláucia Maria; OLIVIERI, Alcione Abreu. *Comello & Mauro*. Cataguases: Edições Fafic, 2002.

MAMEDE, Anice. *Aspectos surrealistas em O agressor, de Rosário Fusco*. Cataguases: Instituto Francisca de Souza Peixoto, 2008.

MATOS, Ralfo Edmundo S. *Evolução urbana e formação econômica de Belo Horizonte*. Belo Horizonte: UFMG; Cedeplar, 1992.

MERCADANTE, Paulo. *Os sertões do leste: estudo de uma região: a Mata Mineira*. Rio de Janeiro: Zahar, 1973.

MIRANDA, Selma Melo. Cataguases: a cidade e a arquitetura. *In: CATAGUASES: um olhar sobre a modernidade. Cataguases: Secretaria de Cultura, Esportes e Turismo, 1993. Catálogo de exposição*.

OLIVEIRA, Martins de. *História da literatura mineira*. 2. ed. Belo Horizonte: Imprensa Oficial, 1963.

OLIVIERI, Alcione Lidia Abreu. *Incursões na biblioteca de Francisco Inácio Peixoto*. Cataguases: Instituto Cidade de Cataguases, 2008.

RESENDE, Henrique de. *Estórias e memórias*. Rio de Janeiro: Olímpica, 1970.

RESENDE, Henrique de. *Pequena história sentimental de Cataguases*. Belo Horizonte; São Paulo: Itatiaia, 1969.

RICHA, Ana Lúcia Guimarães. *Uma vanguarda à moda de Cataguases*. Cataguases: Instituto Francisca de Souza Peixoto, 2008.

SANT'ANNA, Rivânia Maria Trotta. *O movimento modernista Verde, de Cataguases – MG: 1927-1929*. Cataguases: Fundação Francisca de Souza Peixoto, 2008.

SODRÉ, Nelson Werneck. *História da literatura brasileira: seus fundamentos econômicos*. 6. ed. Rio de Janeiro: Civilização Brasileira, 1976.

STEGAGNO-PICCIO, Luciana. *História da literatura brasileira*. Rio de Janeiro: Nova Aguilar, 1997.

TELLES, Gilberto Mendonça. *Vanguarda europeia e modernismo brasileiro*. 8. ed. Petrópolis: Vozes; Brasília: Ministério da Educação e Cultura, 1979.

WERNECK, Humberto. *O desatino da rapaziada: jornalistas e escritores em Minas Gerais*. São Paulo: Companhia das Letras; Instituto Moreira Salles, 1998.

WERNECK, Ronaldo. *Kiryrí rendáua toribóca opé: Humberto Mauro revisto por Ronaldo Werneck*. São Paulo: Arte Paubrasil, 2009.

WERNECK, Ronaldo. *Rosário Fusco: sob o signo do imprevisto*. Cataguases: Poemação, 2017.

VIANNY, Alex. *Humberto Mauro. Sua vida / sua arte / sua trajetória no cinema*. Rio de Janeiro: Artenova; Embrafilme, 1978.

Capítulos em livros

ANDRADE, Carlos Drummond de. Dois poetas mortos em Minas Gerais. *In: Confissões de Minas*. São Paulo: Companhia das Letras, 2020. p. 51-53.

ANDRADE, Mário de. A Ascânio Lopes. *In: 71 cartas de Mário de Andrade*. Coligidas e anotadas por Lygia Fernandes. Rio de Janeiro: Livraria São José, [s.d.]. p. 62-64.

ANDRADE, Mário de. Cataguases. *In: Táxi e crônicas no Diário Nacional.* Estabelecimento de texto, introdução e notas de Telê Porto Ancona Lopez. São Paulo: Livraria Duas Cidades; Secretaria de Cultura, Ciência e Tecnologia do Estado de São Paulo, 1976. p. 549-550.

ANDRADE, Mário de. Influências. *In: Táxi e crônicas no Diário Nacional.* Estabelecimento de texto, introdução e notas de Telê Porto Ancona Lopez. São Paulo: Livraria Duas Cidades; Secretaria de Cultura, Ciência e Tecnologia do Estado de São Paulo, 1976. p. 81-82.

ARAÚJO, Laís Corrêa de. A poesia modernista de Minas. *In:* ÁVILA, Affonso (Org.). *O modernismo.* São Paulo: Perspectiva; Secretaria de Cultura, Ciência e Tecnologia de São Paulo, 1975. p. 179-192.

BARBOSA, Francisco Assis. Prefácio. *In:* PEIXOTO, Francisco Inácio. *Chamada geral.* Rio de Janeiro: Civilização Brasileira; Instituto Nacional do Livro, 1982. p. 13-17.

BARROS, José Tavares de. O cinema. *In:* ÁVILA, Affonso (Org.). *O modernismo.* São Paulo: Perspectiva; Secretaria de Cultura, Ciência e Tecnologia de São Paulo, 1975. p. 153-161.

BRANCO, Joaquim. Joaquim Branco entrevista Guilhermino César. *In:* CAMPOS, Maria do Carmo (Org.). *Guilhermino César: memória e horizonte.* Porto Alegre: Editora da UFRGS, 2010. p. 145-149.

CANDIDO, Antonio. Surrealismo no Brasil. *In: Brigada ligeira e outros escritos.* São Paulo: Editora Unesp, 1992. p. 103-107.

CÉSAR, Guilhermino. Uma palestra cinematográfica. *In:* WERNECK, Ronaldo. *Kiryrí rendáua toribóca opé: Humberto Mauro revisto por Ronaldo Werneck.* São Paulo: Arte Paubrasil, 2009. p. 64.

DUARTE, José Afrânio Moreira. *Palavra puxa palavra.* São Paulo: Editora do Escritor, 1982. p. 60-62.

EVARISTO Garcia. *In:* ALONSO, Paulo Henrique (Coord.). *Memória e patrimônio cultural de Cataguases.* Cataguases: Instituto Cultural de Cataguases, 2012. v. 2. p. 49-72.

FANNI, Silvana. Escravidão, economia e liberdade. *In:* LANZIERI JÚNIOR, Carlile; FRADE, Inácio (Org.). *Muitas Cataguases: novos olhares acerca da história regional.* Juiz de Fora: Editar, 2006. p. 57-80.

HOMERO de Souza. *In:* ALONSO, Paulo Henrique (Coord.). *Memória e patrimônio cultural de Cataguases.* Cataguases: Instituto Cultural de Cataguases, 2012. v. 2. p. 75-88.

LUKÁCS, Georg. Introdução aos estudos estéticos de Marx e Engels. Tradução de Leandro Konder. *In:* KONDER, Leandro (Org.). *Ensaios sobre literatura.* Rio de Janeiro: Civilização Brasileira, 1965. p. 11-42.

PEIXOTO, Lina Tâmega. Cartas de amizade: encontros de Guilhermino

César e Francisco Inácio Peixoto. *In*: CAMPOS, Maria do Carmo (Org.). *Guilhermino César: memória e horizonte*. Porto Alegre: Editora da UFRGS, 2010. p. 117-129.

RUFFATO, Luiz. O homem, o contista, o viajante, o poeta. *In*: *Francisco Inácio Peixoto em poesia e prosa*. Cataguases: Instituto Francisca de Souza Peixoto, 2008. p. 17-43.

RUFFATO, Luiz. Os caminhos possíveis. *In*: *Ascânio Lopes: todos os caminhos possíveis*. Cataguases: Instituto Francisca de Souza Peixoto, 2005. p. 13-30.

WEINHARDT, Marilene. A Semana de Arte Moderna e o Suplemento Literário d'*O Estado de S. Paulo*. *In*: COSTA, Marta Morais *et al*. *Estudos sobre o modernismo*. Curitiba: Edições Criar, 1982. p. 129-162.

WERNECK, Ronaldo. Hipocampelefantocamelo. *In*: *Kiryrí rendáua toribóca opé: Humberto Mauro revisto por Ronaldo Werneck*. São Paulo: Arte Paubrasil, 2009. p. 214-218.

WILSON Valverde. *In*: ALONSO, Paulo Henrique (Coord.). *Memória e patrimônio cultural de Cataguases*. Cataguases: Instituto Cultural de Cataguases, 2014. v. 5. p. 241-287.

Ensaios em periódicos acadêmicos

ANDRADE, Gênese. Amizade em mosaico: a correspondência de Mário a Oswald de Andrade. *Teresa: Revista de Literatura Brasileira*, São Paulo: Editora 34, n. 8-9, p. 161-188, 2008.

ARAÚJO, Laís Corrêa de. A imagem de Deus na obra de Rosário Fusco. *Revista de Cultura Vozes*, Petrópolis, ano 72, n. 2, p. 97-108, mar.-abr. 1978.

CÉSAR, Guilhermino. Os verdes da *Verde*. *In*: VERDE. São Paulo: Metal Leve, 1978. [s.p.]. Edição fac-símile.

FARIA, Daniel. Uma história em tempos dilacerados: a vida acidentada de Rosário Fusco. *Fênix: Revista de História e Estudos Culturais*, Brasília, v. 8, n. 2, p. 1-21, maio-ago. 2011.

GOMES, Paulo Emílio Salles. Para um estudo sobre "Os azes de Cataguazes". *Língua e Literatura*, São Paulo: Faculdade de Filosofia, Letras e Ciências Humanas da Universidade de São Paulo, n. 4, p. 455-474, 1975. Separata.

LARA, Cecília de. A "alegre e paradoxal" revista *Verde* de Cataguases. *In*: VERDE. São Paulo: Metal Leve, 1978. [s.p.]. Edição fac-símile.

LARA, Cecília de. Terra Roxa… e outras terras: um periódico Pau Brasil. *In*: TERRA Roxa e Outras Terras. São Paulo: Secretaria de Cultura, Ciência e Tecnologia do Estado de São Paulo; Livraria Martins Editora, 1977. p. VII-X. Edição fac-símile.

PIMENTA, Ângela de Fátima Faria. O despertar do proletariado na Zona da Mata mineira: Cataguases (1906-1920). *Anais do XXVI Simpósio Nacional de História – ANPUH*, São Paulo, p. 1-19, jul. 2011.

Artigos em jornais e revistas

ALMEIDA, Renato. Ronald de Carvalho e o Modernismo. *Lanterna Verde: Boletim da Sociedade Felippe D'Oliveira*, Rio de Janeiro, n. 4, p. 68-84, nov. 1936.

ANDRADE, Carlos Drummond de. Aqueles rapazes de Belo Horizonte II. *Correio da Manhã*, Rio de Janeiro, 12 jul. 1952. 2º Caderno, p. 2.

ANDRADE, Carlos Drummond de. Contribuindo. *O Jornal*, Rio de Janeiro, 5 maio 1929. Segunda Seção, p. 4.

ANDRADE, Carlos Drummond de. O momento literário em Minas / Cataguases vai ter uma revista de boas letras. *Diário de Minas*, Belo Horizonte, 20 ago. 1927.

ANDRADE, Carlos Drummond de. Os Andrades se dividem. *Diário de São Paulo*, São Paulo, 19 jun. 1929. Revista de Antropofagia. 2ª dentição, n. 11, [s.p.].

ANDRADE, Mário de. Da metáfora. *Diário Nacional*, São Paulo, p. 9, 20 nov. 1927.

ANDRADE, Mário de. Livros. *Diário Nacional*, São Paulo, p. 11, 15 abr. 1928.

ANDRADE, Mário de. Livros e livrinhos. *Diário Nacional*, São Paulo, p. 2, 25 out. 1927.

ANDRADE, Mário de. Persistência da Asa. *Diário de Notícias*, Rio de Janeiro, 24 mar. 1940. Primeira Seção, p. 8.

ANTOLOGIA do Grupo Verde: Camilo Soares. *Suplemento Literário do Minas Gerais*, Belo Horizonte, n. 570, p. 7, 3 set. 1977.

ATHAYDE, Tristão de. Gente de amanhã. *O Jornal*, Rio de Janeiro, 22 jan. 1928. Primeira Seção, p. 4.

ATHAYDE, Tristão de. Provincialismo poético. *O Jornal*, Rio de Janeiro, p. 4, 10 fev. 1929.

AYALA, Walmir. Henrique de Resende: um eco da semana de 22. *Revista Cultura*, Brasília, ano 2, n. 5, p. 92-95, jan-mar. 1972.

BRETAS, Moacyr. Alguns momentos com Guilhermino César. *Vamos Ler!*, Rio de Janeiro, p. 18-19 (conclusão na p. 52), 19 mar. 1942.

CABRAL, Francisco Marcelo. Não desapaixonado. *Totem*, Cataguases, n. 12, 5 abr. 1979.

COELHO, Lauro Machado. E volta David, 34 anos, fantástico personagem brasileiro. É o Agressor. *Jornal da Tarde*, São Paulo, 19 nov. 1977.

CONDÉ, José. Arquivos implacáveis. Confissões. *O Cruzeiro*, Rio de Janeiro, p. 21, 30 jan. 1954.

CLUBE de Antropofagia de Minas Gerais. *Diário de São Paulo*, São Paulo, 12 jun. 1929. Revista de Antropofagia, 2ª dentição, n. 10, [s.p.].

DEPOIMENTOS sobre a "Verde". *Suplemento Literário do Minas Gerais*, Belo Horizonte, ano II, n. 19, p. 2, 7 jan. 1967.

EMEDIATO, Luiz Fernando. O mar existencial de Rosário Fusco. *Inéditos*, Belo Horizonte, n. 2, p. 52-55, jul.-ago. 1976.

FERNANDES, Millôr. Ser e não ser: um livro. *A Cigarra*, Rio de Janeiro, p. 39, maio 1955.

FERREIRA, Delson Gonçalves. Centenário de uma cidade: cronologia cultural. *Suplemento Literário do Minas Gerais*, Belo Horizonte, n. 570, p. 1-3, 3 set. 1977.

FONSECA, José Paulo Moreira da. Quadrante de poesia. Rosa dos ventos. *Correio da Manhã*, Rio de Janeiro, p. 10, 16 nov. 1957.

FUSCO, Rosário. Sem compromisso. *Suplemento Literário do Minas Gerais*, Belo Horizonte, p. 2-3, 25 nov. 1972.

FUSCO, Rosário. Verde porque tudo era verde. *O Lince*, Juiz de Fora, ano 64, n. 1499, p. 1-3, maio 1975.

LOPES, Hélio. Uma revista do modernismo. *O Estado de S. Paulo*, São Paulo, 7 out. 1979. Suplemento Cultural.

MACHADO, Alcântara. Ascânio Lopes. *Revista de Antropofagia*, São Paulo, n. 10, p. 1, fev. 1929.

MACHADO, Cabo [Oswald de Andrade]. Os três sargentos. *Diário de São Paulo*, São Paulo, 14 abr. 1929. Revista de Antropofagia, 2ª dentição, n. 10, p. 6.

MAURO, Humberto. As personagens 50 anos depois. *O Lince*, Juiz de Fora, ano 64, n. 1497, p. 1-3, mar. 1975.

MILLIET, Sérgio. Diário crítico. *Diário de Notícias*, Rio de Janeiro, 21 abr. 1946. Letras, Artes, Ideias Gerais, p. 1.

MOISÉS, Massaud. Dia do Juízo. *Correio da Manhã*, Rio de Janeiro, p. 9, 27 jan. 1962.

PEDROSA, Milton. Em Minas: Guilhermino César. *Vamos Ler!*, Rio de Janeiro, p. 8-10, 14 set. 1939.

PEIXOTO, Francisco Inácio. Carta-telegrama pra Martins de Oliveira. *Verde*, Cataguases, n. 4, p. 13, dez. 1927.

PEIXOTO, Francisco Inácio. Mestre Tasso, otimista impenitente. *Verde*, Cataguases, n. 5, p. 18, jan. 1928.

PEIXOTO, Francisco Inácio. Vivo em Cataguases, fora de Cataguases. *Totem*, Cataguases, 5 abr. 1979.

REBELO, Marques. Depoimento. *Ficção*, Rio de Janeiro, n. 1, p. 68-71, jan. 1976.

REVERBEL, Carlos. Guilhermino César e os "ases de Cataguases". *Suplemento Literário do Minas Gerais*, Belo Horizonte, ano II, n. 19, p. 3, 7 jan. 1967.

RESENDE, Henrique de. A cidade e alguns poetas. *Verde*, Cataguases, n. 1, p. 10, set. 1927.

RESENDE, Henrique de. Verde, Poemas cronológicos e Outros poemas. *Verde*, Cataguases, n. 4, p. 7, dez. 1927.

RESENDE, Henrique de. Notas de Cataguases. Ideias falsas. *O Jornal*, Rio de Janeiro, 7 abr. 1929. Segunda Seção, p. 2.

SILVEIRA, Tasso da. A enxurrada. *Festa*, Rio de Janeiro, n. 4, p. 4-7, jan. 1928.

TAMANDARÉ [Osvaldo Costa]. Moquém – III – Entradas. *Diário de São Paulo*, São Paulo, 24 abr. 1929. Revista de Antropofagia, 2ª dentição, n. 10, p. 10.

WERNECK, Ronaldo; BRANCO, Joaquim. Rosário Fusco: "O escritor brasileiro é um supercamelô". *O Pasquim*, Rio de Janeiro, n. 351, p. 10-15, 19-26 mar. 1977.

Dissertações e teses

ALMEIDA, Mariana Cândida Garcia Cardoso de. *A hora e a vez de Francisco Inácio Peixoto*. 2004. Dissertação (Mestrado em Letras) – Centro de Ensino Superior, Juiz de Fora, 2004.

CRUZ, Inácio Manoel Neves Frade da. *Modernidade e homens de cultura: vocação cultural, religiosidade e outras ambiguidades no município de Cataguases – MG*. 2013. Tese (Doutorado em Ciências Sociais) – Programa de Pós-Graduação em Ciências Sociais, Universidade Federal de Juiz de Fora, Juiz de Fora, 2013.

MACHADO, Anthony Heden. *Rosário Fusco e o Estado Novo*. 2008. Dissertação (Mestrado em Literatura) – Centro de Comunicação e Expressão, Universidade Federal de Santa Catarina, Florianópolis, 2008.

MELLO, Fernando Antonio Oliveira. *Cataguases e suas modernidades*. 2014. Tese (Doutorado em Arquitetura e

Urbanismo) – Faculdade de Arquitetura e Urbanismo, Universidade de Brasília, Brasília, 2014.

MENEZES, Ana Lúcia Guimarães Richa Lourega de. *Amizade "carteadeira": o diálogo epistolar de Mário de Andrade com o Grupo Verde de Cataguases*. 2013. Tese (Doutorado em Literatura) – Faculdade de Filosofia, Letras e Ciências Humanas, Universidade de São Paulo, São Paulo, 2013.

ROMANELLI, Kátia Bueno. *A Revista Verde: contribuição para o estudo do modernismo brasileiro*. 1981. Dissertação (Mestrado em Literatura) – Faculdade de Filosofia, Letras e Ciências Humanas, Universidade de São Paulo, São Paulo, 1981.

SILVA, Luiz Gonzaga da. *Camilo Soares e o Grupo Verde: o resgate de sua atuação nos limites da sua poesia*. 2000. Dissertação (Mestrado em Letras) – Centro de Ensino Superior, Juiz de Fora, 2000.

Coleções

CATAGUASES. 1927-1929.

LEITE Criôlo. Belo Horizonte: Instituto Cultural Amílcar Martins, 2012. Edição fac-similar.

MERCÚRIO. Cataguases: Fundação Comunitária Educacional de Cataguases; Fundação Simão José Silva, 2008. Edição fac-similar.

PARA TODOS.... 1926-1929.

REVISTA de Antropofagia. São Paulo: Círculo do Livro, 1976. Edição fac-similar.

SUPLEMENTO LITERÁRIO DO MINAS GERAIS. Belo Horizonte, ano II, n. 19, 7 jan. 1967.

SUPLEMENTO LITERÁRIO DO MINAS GERAIS. Belo Horizonte, ano XII, n. 570, 3 set. 1977.

VERDE. São Paulo: Metal Leve, 1978. Edição fac-similar.

Complemento

BRASIL. Ministério da Agricultura, Indústria e Comércio. *População: população do Brasil por estados, municípios e distritos segundo o sexo, o estado civil e a nacionalidade*. 1ª parte. Rio de Janeiro: Typographia da Estatística, 1926. (Recenseamento do Brasil, v. 4).

CATAGUASES: Guia arquitetônico, turístico e cultural. Cataguases: Fundação Cultural Ormeo Junqueira Botelho, [s.d.].

ROCHA, Andrea. A utopia modernista. *Sagarana*, Belo Horizonte, ano II, n. 8, p. 8-17, [s.d.].

VERDE

REVISTA·MENSAL DE·ARTE·E· CULTURA·

NUMERO . 1

ANNO . . . 1

:: :: REDACÇÃO :: ::
:: :: :: E :: :: ::
ADMINISTRAÇÃO
RUA CEL. VIEIRA, 53
CATAGUAZES – MINAS

STE NUMERO DA "VERDE":

ANDRADE	SIGNAL DE APITO
	VIAGEM SENTIMENTAL
SANTOS	BLOCO
5	SERÃO DO MENINO POBRE
	INQUIETAÇÃO
IVEIRA	FUNCÇÃO
DORO	SAMBA
ESAR	SANTINHA DA ENCARNAÇÃO (conto)
	NOCTURNO (poema)
ES	O ESTRANHO CASO DE MATIAS
ESENDE	A CIDADE E ALGUNS POETAS
	PRELUDIOS
3IXOTO	TERNURA
ES	PARADOXO
TTA	UM POEMA
	UM POEMA
0	E' PRECISO PAZ NA ARTE MODERNA

Este livro foi composto com tipografia Adobe Garamond Pro
e impresso em papel Off-White 80 g/m² na Formato Artes Gráficas.